华友创将系列

神坛在左 华为往右

▼▼▼
那些融入员工血液的华为基因

末末 ◎ 著

海天出版社（中国·深圳）

图书在版编目（CIP）数据

　　神坛在左，华为往右：那些融入员工血液的华为基
因 / 末末著. — 深圳：海天出版社，2018.5（2018.7重印）
　　（华友创将系列）
　　ISBN 978-7-5507-2339-9

　　Ⅰ．①神… Ⅱ．①末… Ⅲ．①通信企业－企业管理－
研究－深圳 Ⅳ．①F632.765.3

中国版本图书馆CIP数据核字(2018)第025176号

神坛在左，华为往右：那些融入员工血液的华为基因
SHENTAN ZAI ZUO，HUAWEI WANG YOU：NAXIE RONGRU YUANGONG XUEYE DE HUAWEI JIYIN

出 品 人　聂雄前
策划编辑　许全军
责任编辑　南　芳　朱丽伟
责任校对　万妮霞
责任技编　梁立新
装帧设计　知行格致

———————————————————————————————

出版发行　海天出版社
地　　址　深圳市彩田南路海天综合大厦（518033）
网　　址　www.htph.com.cn
订购电话　0755-83460397（批发）　83460239（邮购）
设计制作　深圳市知行格致文化传播有限公司　Tel：0755-83464427
印　　刷　深圳市希望印务有限公司
开　　本　787mm×1092mm　1/16
印　　张　17
字　　数　206千
版　　次　2018年5月第1版
印　　次　2018年7月第2次
印　　数　5001—8000册
定　　价　58.00元

三年前，我选择离开华为，不是因为这家公司怎么了，是我想换一种生活方式，做点不一样的事情，而且，那个时刻，心里的声音越来越大，有太多的东西想要表达。于是，离开后，我彻底脱离了通信行业，在家全职写作。后来，先生也离开了华为，感觉我们整个家庭都要告别过去那种生活方式了，就萌生了纪念一下的想法。写那篇"华为离职感言"的时候，我一直试图把自己拉得远远的，做个旁观者，克制再克制。用华为术语表达，就是"就事论事"。后来文章大家也看到了，华为人看了，觉得真切；年轻人看了，热血沸腾；同龄人说，虽然我不在华为，但写的不就是我吗？当然，也有人说，你就是华为养的白眼狼。

所以，当编辑跟我联系写这样一本书的时候，我起初是抗拒的，只回复："关于华为，我觉得能说的已经说完了。"

后来，不断有人在公众号后台咨询我关于华为的问题、职场的困惑，大部分并不是华为人。

因缘际会，还跟其中的不少朋友见了面，都是同龄人，大家的困惑大同小异，聊下来，突然发现，这里有一股巨大的洪流，关于人，有很多话可说。

顺着时代的潮流，我们被裹挟进了通信行业，恰逢其蓬勃发展。外面是手机普及、资费下调，里面是高薪重酬、热火朝天。那么人呢，这幅景象下的人呢？

于是，我以有共同标签的华为人为主线，梳理了大家关心的问题，以故事的形式呈现出来。

写作期间，先后面见了五十位左右的华为人、前华为人，又通过电话往来了一些身在异地的朋友，听大家讲围城内外、转身前后的故事，最终促成了这本书。

这些人物共同的标签：上过华为大学。但是他们更大的标签是：出身一清二白，接受了高等教育，怀抱梦想在职场上奋斗，如今上有老下有小遭遇职场瓶颈，在理想和现实间碰撞的年轻人。书中主要人物，出生于 1976 ～ 1985 年之间，学历以硕士为主，80% 来自小城或者农村，收入高于社会平均水平。

每个时代都有一个行业在快速推动社会的发展，人才聚集于此瓜分红利。比如工业时代的纺织、钢铁和汽车，正在蓬勃发展的移动互联网，还有即将到来的人工智能。这些年，也是通信这样的战略行业全速发展的时代，我们无意识地踏上这列快车，被速度、被不断迭代的知识推着往前，俯首耕耘，不问外物。

我们不看世界，世界也忽略着我们，只被打上一个表象上的标签："人傻钱多闷骚。"在这个需要数学公式和推理，需要编码和调试，需要绘制原理图和外场测试的行业里，每个人，都把自己整个扔了进去，不进则退。所以无暇参与社会活动，甚至消失于自己的朋友圈。把产品的流程摸得门清，对人情世故却一窍不通。以至于某都市热播剧需要一个外表憨厚，有处女情结的男角时，编剧顺手就给安了一个 IT（信息技术）工程师的身份，而编剧心中的高级人设（人物设定），或者说熟悉的人设，是医生、教授、律师、总裁、金融从业者，对于搞技术的人却所知不多。

行业风生水起，人物默默无闻。

模式化的面孔后面，是一个个怎样鲜活生动的血肉之躯？大时代下，个体的选择有没有力量？

这里没有成功，没有励志，没有"狗血"内幕，只有小人物兢兢业业的奋斗和无数个夜深人静时默默地坚持和挣扎。马塞尔·普鲁斯特说："每个读者只能读到已然存在于他内心的东西。书籍只不过是一种光学仪器，帮助读者发现了自己的内心。"如果你在书中遇见了另一个自己，请多多关照。

写作过程中，编辑和我讨论，这本书究竟是要宣扬华为的正能量，还是要控诉华为的负影响呢？我思来想去，这个正面负面怎么区分呢，个人和企业的立场，有时候是矛盾的，就比如加班吧，哪个员工会觉得这是正面的，但是对于企业，这是特殊阶段的发展之道；再有，不同思想观念的人，对同一件事情的反应也不同，比如不允许员工炒股、不能从事第二职业，有些人可能觉得这管的也太多了吧，也有人认为工作就是要专注。

诸如此类，无法划定黑白。干脆，只讲真实的故事，无预设立场，至于正面负面，每个人心中有自己的秤。

书稿将完之际，我有机会见到任总，把写作这样一本书的事情告诉了他，并征求他关于正面负面的意见，任总说："一个公司只有人说好，那不就快完蛋了嘛。只要是真实的，真实的才尖锐，才有穿透力，但是不要愤世嫉俗。"

我扪心自问，事件的确是真实的，但是每个人在潜意识里是有自己的立场的，在诸多真实事件的选择里，我是否有所偏颇？

我一直在研发体系，其间待过上海、深圳、西安三个地域，四个部门，接触的周边部门也不少，但是没有海外常驻的经验。听海外同事的讲述，真的就像听故事，我无法判定其中个人情绪的占比，大部分没有录入。所以这本书，就算不失偏颇，也有我自身的局限性。

最后，秉承着华为人的低调，受访者均以化名示之。

目　录

　　最后一轮面试里，有一个问题我印象深刻：你成长过程中遇到的最大困难是什么，你是怎么解决的？华为喜欢遭遇过苦难并且有能力解决的人。

　　如今的大环境，信息流畅，价值观多元化，大部分机会已非垄断，人人可取之用之。但没有什么好东西是唾手可得的，也没有好机会会从天而降，所以这是一个比被动地随波逐流更残酷的时代，眼睁睁看着好东西远去，比没有是不是更糟心？不如主动出击。

　　那段时间，整个人积极上进，精神面貌特别好，说是活力四射，说是八九点钟的红太阳都不为过。我还记得参加上研所的青春歌会，我抱着吉他弹唱了一首罗大佑的《歌》，尽管歌词带着"死去""坟上"，但我看到的是蔷薇沾着雨露。

（《别了！华为八年理工女硕士离职感言》，写于 2015 年 10 月）

第一辑

你好，
怀揣梦想的年轻人

曾经，我们都以为自己是能飞的。
花一样的年纪，独战千军万马，挤过高考的
独木桥，入主美丽的大学校园。
偌大的阶梯教室里，满座皆英豪，谁也不把
他人放在眼里。武侠小说里的盖世英雄、高
堂殿宇里的学界泰斗、叱咤风云的商界精英
都是对自己的幻想。那个年纪，青春年少，
一切皆有可能。

01 为什么来华为

> 今天，在未名湖畔的演讲，让我有点小犹豫。如果谈钱，诗人可能会跳出来骂我，因为"未名湖是个海洋，诗人都藏在水底"，诗人都是淡泊名利的；如果不谈钱，你们又会问我，难道招聘只谈情怀，不谈钱吗？
>
> ——孟晚舟《北大演讲：让理想与现实更加丰满》

曾经，我们都以为自己是能飞的。

花一样的年纪，独战千军万马，挤过高考的独木桥，入主美丽的大学校园。

偌大的阶梯教室里，满座皆英豪，谁也不把他人放在眼里。武侠小说里的盖世英雄、高堂殿宇里的学界泰斗、叱咤风云的商界精英，都是对自己的幻想。那个年纪，青春年少，一切皆有可能。

还在梦里，脚未着地。

"若想踏上有意义的人生之路，必然先要进入可以获得报酬的职业之门。"[①]社会早已替我们指明出路。

写简历，是落入凡尘的开始。人生二十几年的辉煌，一遍一遍往外

---

① 引自阿兰·德波顿的《工作颂歌》。

挤，还有什么，还有什么……成长经历浓缩在干巴巴的一页纸上，被挑拣，甚至被嗤之以鼻。

最后十有八九，签的并不是自己如意的工作，那又何妨呢，自由择业的年代，这只是个开始。踏入职业之门，总有一飞冲天的希望。离家越远越好、平台越大越好……满腹经纶和热血斗志，即将转化为财富、地位和自由。

我最终进入华为，看似意外，又似是命中注定。

2005 年的十月份，我们是这样给企业排序的：知名外企、航空航天类研究所、运营商、华为中兴、其它电子通信企业……它在一定程度代表了二线省会城市电子通信学子的认知，并且默认了，十八岁时因为无知而选择的专业将会是未来谋生的手段。

研究生第三年刚开始，校园招聘就来了。我给自己预设的目标：上海，外企，通信电子行业。开始了写简历、投简历、笔试、面试的连轴转。有时候也想入非非，在网上投一些咨询顾问公司，都石沉大海。而外企，来招聘的甚少，有过几个到面试阶段，印象最深的一次，面试官是一个印度人，我自恃英语不错也没能听懂几句问话，最后就不了了之。

后来招聘进入白热化，通常都是白天宣讲收简历，第二天笔试，下一天面试。HR（人力资源）忙到不睡觉，三更半夜发放通知，有些发短信，有些干脆打电话，夜半铃声成了寻常。又是考试又是面试，自我感觉挺好，结果好些企业在我们终面（最终面试）的那一批里也是一个都不招，这是来做企业宣传的么！

最后就是自信心一点点瓦解。我们那一届，中兴比华为来得早，而我居然二面（第二轮面试）就被淘汰了，原因很简单，几个技术问题我都闻所未闻。

　　眼看着规模招聘快要谢幕，而我仍自行屏蔽所有体制内的工作，说明我的心还是极其不安分的，对所有的安稳工作抱有成见。

　　接下来的华为倒是一帆风顺，面试四轮一气呵成，直接给了 offer（录取通知）。华为的招聘，整个过程组织有序，给人的感觉就是训练有素、正规。面试官和 HR 的风貌也特别好，装扮职业，精神抖擞，笑得谦卑温和，很符合想象中职场人的一贯形象。

　　最后一轮面试里，有一个问题我印象深刻：你成长过程中遇到的最大困难是什么，你是怎么解决的？华为喜欢遭遇过苦难并且有能力解决的人。

　　对华为的印象有所纠正，或者说，我本身在择业上也没有什么原则和坚持。安下心来，等待进入这个传说中疯狂增长，"加班无底限、发钱没上限"的大公司。

　　那一年，我们专业的同学，一小半去了航空航天的研究所，一小半就在华为、中兴、普天、大唐这类的通信公司，个别散落他处。只有一位"离经叛道"，去宝洁做了管培生，她是我心中的英雄。倒不是因为宝洁有多好，而是在那个思想意识整齐划一封闭保守的年代，她有自己的想法并且实实在在去做了。而我和大多数人一样，只凭空造梦，双脚深深裹步大流之中，进入华为就是大势所趋的必然。

　　这或许就是被动人生的惯性吧，我一路随波逐流进了华为。

　　不知道其他人是什么情况，我总觉得，初心会成为上路的动力。

　　那么其他人呢，这些后来被冠以"华为人"的年轻人，当初为什么来华为？

范一凡：还记得年少时的梦吗

学通信嘛，我还是比较关注这个行业的。大学里有一天在报纸上看到关于华为的报道，那是第一次听说，哇，好神奇啊！在我眼里，中国都是加工制造类企业，有一天居然发现有一家华为公司能够和思科、爱立信、朗讯、诺基亚并肩，太牛了。读了报道里任正非的讲话，我当时就像崇拜毛泽东一样对任正非、对华为产生了崇拜感。在《高等数学》第一页的空白处，毕恭毕敬手写了满满一页感想，可惜那本书后来丢了。那个时候华为就成了我的就业首选。

研究生毕业后，我其实参加了两次华为的面试。第一次是常规的校园招聘，但是方向我不是很有兴趣，而且要到深圳工作，犹豫了半天还是放弃了。后来我想，干脆自己去上海研究所面试吧，就找到了 HR 宋老师的邮箱，写信向她说明了情况。宋老师非常热心地为我安排了面试，可了解下来专业要求不太一样，为了抓住这个机会，我通宵自学了一个月新的专业知识。那时候大部分同学已经找好工作，白天都在打游戏，吃吃喝喝，静不下心来，只能晚上下功夫了。最后的面试官是我后来的导师，他文质彬彬，数学功底深厚，一下子吸引了我。面试也比较顺利，私下里我就觉得，妥了，我以后就跟他混了。

后来才知道，家里人也发动各路人马给我安排了一个国企的工作。那时候一根筋，特别想通过自身的努力来证明自己，不想通过关系，直接给拒了，得罪了不少亲戚。

就像在高等数学书上写的，华为曾经是我的一个梦想。

胡琼花：养活自己

我当年进华为并没有抱着什么雄心壮志，对于我这样出身农村、念了那么多年书的孩子来说，在大城市找到一份稳定的工作已经很幸运了。看着满脸沧桑的父母，我心里只有一个简单的想法：那就是我要养活自己，我要我的父母不再为钱发愁。

说实在的，华为的工作并不像外界传说的那样难以忍受。也许是因为我来自农村，能扛住身体上的疲累；也许是因为研究生三年高强度的项目锻炼；也许是因为挣钱的快乐冲淡了我的感官。进入华为后除了使用的开发工具比较熟悉外，工作内容跟我以前学的和项目经验相去甚远，但我都非常乐意去学习和积累。

银行卡上的工资越攒越多，我还清了读书期间的贷款，可以寄钱给爸妈在农忙时雇佣帮手，可以接他们到大城市小住，可以给他们买新衣服寄回家……我和我的爸妈就这样简单地快乐着。

汪子涓：请收了我吧

我找工作只有一个要求：上海的公司。因为我男朋友，也就是现在的老公比我早毕业，已经在上海了。我研究生差不多玩了三年，本科又不是微电子专业的，技术很差。毕业的时候，很多同学都去一些公司做designer（设计师），但是我根本过不了笔试。那个时候招销售什么的还比较少，也可能因为眼界窄，都不知道一家公司除了开发还有很多岗位。当然，我们那个年代的人，心里还是抱着"学好数理化，走遍天下都不怕"的念头，技术为王，其他职位都是给不上道的人干的。

我面试的机会很少，因为笔试就挂掉了。最后就面试了两家，另一家两个技术问题直接给"咔嚓"了。华为没有笔试，技术面试就简单考查了一下基本的电路知识，这个我还是知道的，好歹学了三年微电子。后来的群面（群体面试），人家网上都说，不要多说话，而我根本控制不住，说了很多话，最后居然还是被录用了。

如果是上进心很强的人，即使拿到offer，还是很拼的，继续参加各种招聘，在一堆offer里面选，我拿到这个offer整个找工作环节就结束了。然后顺利来上海，落了户。

要是给现在想进华为的人听到得嫉妒死了。现在进来多难啊，十年前招的都是二线城市的好学校，现在公主①亲自去清华、北大宣讲，完全不在一个重量级。

焱公子：满足好奇，了却心结

我大学的专业是计算机。就算到了毕业找工作那会儿，我也从来没想过自己有一天会从事通信行业。当然我也同样不喜欢自己的专业，一想到将来的生活可能就是枯燥地对着电脑写代码，瞬间觉得这样的未来黯淡无光。

可是作为一名没有任何工作经验的应届毕业生，在2005年那个大

---

① 华为CFO（首席财务官）孟晚舟。因系任总之女，华为员工亲切地称呼其公主。

学生几乎比农民工还要多的年代，我并没有太多挑三拣四的机会。虽然我的母校在当地还算颇具影响力，但在大四下学期焦灼地等待了数周依旧没收到任何理想公司的 offer 后，和大多数同学一样，我踏上了去北京找工作的旅程。

这中间还发生了一个插曲，就在当晚我坐上长春前往北京的火车快到四平时，我的诺基亚 3310 碧绿的屏幕欢快地亮了起来，一条突如其来的短信让我陷入纠结——这条短信是通知我次日在长春香格里拉酒店参加面试，落款：华为公司。

华为？！这家公司在 2005 年的应届生中已经有相当大的吸引力，系主任给我们宣扬师哥师姐的好归宿，第一个频频提到的就是华为，据说刚入职的本科生都能拿到每月 5000 元以上的基本工资。

当然，与它的高薪同样有名的传闻，是几近苛刻的四轮面试及残酷的狼性文化。

我坐在火车上反反复复地看着这条短信，要不要在四平下车返回长春？

在一棵树上吊死，还是多找几棵树吊吊看？

坦白地说，当时的我对自己并没有太大信心，也似乎从内心深处有种莫名的抵触，犹豫再三，并没有下车。那时的我不可能想到，时隔八年，机缘之下我还是进入了华为，当然这是后话了。

很多人告诉我，如果我在 2005 年就能进入华为并一直待到现在，我所积累的财富至少数倍于现在，我深以为然，但是就像现在决意离开一样，我也并没有丝毫后悔。

我就这样带着我的执拗和无知，坚定地踏上了前往首都的征程。

我在北京的找工作之旅持续了三周，投出去二三十份简历，脚步遍及国贸、中关村、上地、望京、亦庄，什么方式都试过——网上投递、专场招聘、人才市场，甚至也有过直接找到别人公司递简历，转头就看到自己的简历像废纸一样被丢弃的尴尬经历。第一周很快过去了，没有任何回应，第二周陆续有公司通知面试，第三周我拿到了 6 个 offer。

这并没有任何炫耀的意味，实际上这 6 个 offer 都有两个令我不满意的共同点：一是提供的岗位不是程序员就是测试员，二是待遇不尽如人意。

在谈到待遇时，我跟有家公司说月薪 1500 元在北京确实很难生活，HR 轻描淡写地回应我，多少钱有多少钱的活法。

这话当然没错，可是谁不想活得好一点呢？

还有一家也算知名的韩国企业给我打电话通知录用，语气是这样的：你想来呢就尽快来报到，不想来也务必告诉我们一声，反正也不缺你一个，待遇就是这样，你还别嫌少，人多的是。

我很难相信一个当时还挺有名气的企业的 HR 会这样说话，很显然我不会考虑了。十几年后的今天，这家公司已经完全淡出江湖。

HR 是一家公司的窗口，是企业留给应聘者的最初形象和印记，关于这点我不得不说，E 公司在这方面做得确实不错。

所以也算是阴差阳错吧，前面找的都是 IT 公司，最后却选择了一家通信企业 E。

造化弄人。八年以后，我离开 E，投入了华为的怀抱。

我之所以会进入华为，不全是因为待遇。实际上，我因为收入仅仅提高了一点儿就进来这件事，已经被在我之前数年就进来，现在混得风生水起的前同事奚落得体无完肤，我当时目光坚定地告诉他们：哥就是进来体验的，我很好奇这家公司，想知道它如何能这样牛，顺便丰富一下自己的阅历。而且 2005 年没跳火车参加那场面试一直是我的一个心结，冥冥之中，我总觉得该有一次交集。

这个交集因为老 L 最终得以实现。我还在 E 时，我俩是对手，经常在客户面前针锋相对，互相诋毁，各有胜负，这种所谓的不打不相识，最后竟然成了一种惺惺相惜。听说我离开了 E，他立马联系我，在他的一番忽悠之下，我就这么进了华为。

综合面试时，华为中国区某高管问我，你为什么离开 E 来华为？我思考了半分钟，选择了一个稍微含蓄的说辞：

E 是业界的领袖，就像一头骄傲的雄狮，优雅而孤独，不会轻易妥协和低头。而华为就像大家所说的，是一群随时准备觅食的狼，凶猛又精力充沛。中国市场是一片草原，草原上最成功的掠食者，或许终究是狼群。

夏　荷：我当时已经知道这里的工作强度，也听说过华为女都面无人色。但是人年轻的时候好像有用不完的精力，我就是想找一家这样的企业真正做些事情，趁着年轻好好拼一把。

杨　树：我当时的选择除了华为就是 IBM（国际商业机器公司），但是 IBM 给的是测试岗，读研究生的时候我就给导师打工写代码，心里有开发情结。虽然 IBM 起薪比华为多2000 元，最后我还是选择了华为的开发岗。

蔡　韬：华为的面试，从上午 8 点到下午 5 点，中兴也就错过了，所以也不用纠结，来了华为。反正我就只想进这两家公司。

康乐心：年过三十社会招聘进来的，完全是仰慕华为的光环。

顾　淮：我想去海外，啊……旅行，摄影，写游记。

心声①：冲着公司的大平台来的。我承认有被当年激情澎湃的宣讲
　　　会感染的成分，相比研究所那帮招聘的老头老太太有激情
　　　得多，符合当年年轻的心。

---

① "心声"代表此观点来自华为官方论坛——心声社区。每条观点来自不同的人，因大部分
　已经离职，论坛 ID 失效，无法联系，全书以"心声"作为标识。

02 新人求职 Tips

> 华为公司在招聘、录用过程中，最注重员工的素质、潜能、品格、学历，其次才是经验……对人的选拔，德非常重要。要让千里马跑起来，先给予充分信任，在跑的过程中进行指导、修正。从中层到高层品德是第一位的，从基层到中层才能是第一位的，选拔人的标准是变化的，在选拔人才中重视长远战略性建设。
>
> ——任正非《华为的红旗到底能打多久》

从"为什么来华为"的回答中可以看出来，"80后"这一代的大部分人，包括我自己，在毕业的那一刻，对自己内心的诉求，也就是"自我"是没有关注的，没有几个人因为"我喜欢"而来，更谈不上对未来的职业规划。我们是受集体意志驱动的一代。

但也不是没有想法。受访者中，有人告诉我，他大学毕业的时候，梦想做一名自由职业者，现在想来，仅仅是被"自由"这个字眼的表象所蛊惑，自己并不具备使其落地的专业技能。还有人说，他曾经想去咨询公司，但是在网上填完简历也不知道咨询公司是做什么的。这些基于肤浅认知的浪漫主义幻想大概来自影视作品，笔挺的西装、敞亮的办公室、流利的英文、自信的神情、五星级酒店、拉杆箱和飞机起飞时优美的弧线。背后的付出是什么，知识体系是什么，行为逻辑是什么，这些最根本的问题被忽视了。

所以那个时候的求职是盲目的，这种盲目将我们置于了被挑选的位置，最后都是"不得不"。求职有没有一种更积极的方式呢？

我们来看一组现象对比。2003年我本科毕业的时候，针对电子通信和计算机专业，择业排序是：外企、运营商、华为中兴、研究所……还记得当时研究所招人，那是跑到宿舍拉着大家去吃饭来攀交情的；随后"神舟""嫦娥"轰轰烈烈，等到研究生毕业的时候，研究所一职难求，男生优先，成绩排名靠前优先。华为也过好了冬天，欣欣向荣，招聘会宛若联合收割机，招的人多速度又快。再过几年，外企撤中心、减员，收入同步不了中国的通胀，BTA[①]成了首选。而此时的华为，已经进入世界500强，继而100强，麾下清华、北大、藤校[②]一揽子高贵血液。

时至今日，虽然人才跟着热门专业流动的特性还在，但是因为信息相对透明和对等，暴利行业不再，所谓"高大上"行业的内幕也一点点被撕开，无非是处在食物链的上游，人才竞争充分而已，哪里不是一地鸡毛？看透了本质，更能够从自身的诉求出发去选择。

如果读者你此刻还在读高中，我一定会说，选个自己感兴趣的专业好好沉浸其中吧，找工作根本不需要什么锦囊妙计，或许你压根都不需要找工作，工作会奔你而来。人生这么短，干点自己喜欢的事情吧！如果你已经大学毕业，面临生存，咱们还是谈点实际的。

---

① 互联网行业内的人对互联网三大公司百度、腾讯、阿里巴巴的简称。
② 常春藤联盟，是由美国的八所大学组成的大学联合会。

张彻：了解游戏规则

研究生毕业的时候，我一心想去航空航天类的研究所，从事科研工作，我就是喜欢钻研技术。但是天不遂人愿，我自以为专业成绩无可挑剔，居然都没有入那些研究所的法眼。看着研究所一个个关闭校招（校园招聘）窗口，我有点着急了。舍友说，华为开始网投（网上投递）简历了，这家公司正在扩张，要招收很多人。言下之意，进去的概率比较高。我就在网上填了简历，但是直到现场招聘快要结束，也没有接到被称为"联合收割机"的华为的面试通知。情急之下，我直接跑到招聘的酒店，搞了个"霸王面"。

一面，查收纸质简历，随便聊了两句。真的就两句，似乎很不符合大公司的专业范儿，这件事在我入职以前都是个谜团。等到了公司才发现，当时的面试官就是我后来的直接主管，我在学校的项目经历跟他要的人条件完全吻合，专业成绩又好，那时校招就快结束了，我被飞速推进二面。

二面，在酒店的房间里，我面对的是一个温和儒雅的中年人，很有技术专家的既视感。他先让我介绍了自己做过的项目，包括研究生论文、实验室科研项目，以便了解知识结构，然后有针对性地提了几个问题，又问了几个与专业基础知识相关的问题。很多同学就是在这个环节不懂装懂，把自己带到坑里的。华为校招不是很关注技术细节，只要你基础知识具备，体现出一定的学习能力，态度诚恳就可以了。当然，如果你在自己所提的项目里有纵深的理解一定是加分的。

接下来的三面（第三次面试）属于群面，重点考察心理素质、个人德行。我印象比较深的问题是："你成长过程中遇到的最大困难是什么，你是怎么解决的？　”华为喜欢经历过苦难、意志坚定的人。

最后来到一个领导的房间，谈一些无关技术的话题，比如怎么看待加班，怎么看待艰苦奋斗之类的。末了，填写一张表单，我已经在网上提前察看过攻略：是否愿意服从公司安排到艰苦国家，一定要选"是"。

如今在面试前增加了性格测试，这个我觉得非常好，很人性。通不过不是你个人有什么缺陷，只能说明你跟这家公司的文化氛围不匹配。

言归正传。

我就这样拿到了研究生毕业后的第一个 offer。随后有几个研究所也向我伸出了橄榄枝，但是同学间传言，早几年去华为的师兄，现在年收入都好几十万元了，这个数字，对那个年龄的我冲击还是很大的。先入为主，另有人民币摇旗呐喊，还有什么可说的呢。

事后，我反思网投简历没收到通知的原因：关键词不到位。简历都是机器自动筛选的，依据只有关键词，匹配不到根本进入不了游戏，你纵有满腹才华也没用。什么是关键词呢？就是你所应聘的职位里面，都有的那些硬性的要求，比如：C++、天线、仿真工具等具体的专业名词。描述性的语言之外，一定要包含这些搜索会键入的专业词汇。

多年以后，我自己作为技术面试官出去招聘，对待社招大体是这样的：

我一般会问：你吃过的最大的苦是什么？做过的最难的项目是什么？

面试人最好什么都不要准备，第一反应才是最真实的。还是那句话，强扭的瓜不甜，气场不匹配侥幸进来于双方都无益。

技术面本质上还是看性格。面试成绩的判断按照权重依次是：

1. 项目难度——看挑战；

2. 承担什么角色——带团队还是核心骨干；

3. 方案在原理上的理解深度——看基础；

4. 方案落实中的细节关注度——是不是亲自干的；

5. 方案的可扩展性——是不是项目做完就扔掉了，有没有追加思考，如果有，说明有自我驱动的意识。

评判都是从不断追问对方具体做了什么项目、写过什么论文、申请到哪些专利等事件中出发。所以面试时间至少一个小时，看错的人很少。

秦川：择业准备

你有没有意识到一个问题：人的一生当中，有多少时间是在工作中度过的？至少是生命的三分之一。英文里"职业"一词 vocation，词根源自拉丁语的 VOC，意思是"呼唤"。可以说，职业，不仅是每个人在社会里存在的象征，更是一种对自我的内在呼唤。高尔基说："工作是快乐时，人生便是幸福。工作是义务时，人生便是苦役。"所以，择业，第一是快乐。要想快乐就要符合自己内心的诉求。

我在学校有一个不太乐观的发现，现在的学生，面对求职一样是茫然的，跟我们那会比并没有太大改变。归根结底，因为这些年教育选拔的本质没有变。尽管因素发生了变化，看起来更美好更合理了，但是当这些因素成为大学录取的标准，学生去迎合的时候，不是基于内心对它们的向往，而是把它们当成一种日后成功的路径，"自我"就失去了。

但是，"自我"这个东西又是迟早要找回来的。从"80后"的职场经历来看，伴随着职业生涯的，除了职业化，还有"自我意识的觉醒"。这种迟来的觉醒，搞不好最后就演变成了"职场瓶颈"甚或"中年危机"。

既然这部分是写给年轻人的，那我就针对学生们经常讨论的话题说点具体的：

首先，一进大学，就可以为自己未来的择业做准备了，不是临近毕业。第一等重要的，找到自己的志向和兴趣所在。这个呢，有些人本来就很清晰，有些人比较隐匿，但是只要开始从这个角度思考问题了，就会有收获。不感兴趣的话，在工作的前几年就把热情耗尽了，后面单靠生活的压力、靠勤奋、靠精神层面的支撑，工作就成了煎熬，难以取得成就。华为那些长期保持进步且充满激情的人，都是以工作为乐的人。钱和精神鼓励能带来的愉悦感往往都是短暂的，只有发自内心的成就感才能推动自己走向精深。

因为国内的高校目前还不支持换专业，可以自己辅修感兴趣的课程或者研究生换个专业。如果本科毕业就业的话，专业限制不大。

有了方向，就剩下在这个方向上纵深的积累和进一步挖掘了。可以翻翻挂在各大招聘平台的信息，对人才有什么要求，自己的差距在哪里。大公司一般都有常规的途径可以申请实习，比如华为，对应届生是开了这个窗口的，我有几个学生都去实习过一年半年，彼此认可就留下，不认可便磊磊落落地走人；有些公司的机会需要内推（内部推荐），那么，和往届的师兄师姐保持联系是很必要的；想要系统学习的知识，可以选择本校旁听或者网络上优质的付费课程。

另一个很多学生咨询的问题：大公司小公司？客观来讲，职场初期，大公司的规范管理和稳定收入，杠杠的加分项，所以优秀人才都聚集来了。过个三五年，能不能在特定的企业文化里生存、在优秀的人才里脱颖而出，即见高下。对于无明显领袖特质的应届毕业生来说，先进大公司，接受正规培训，形成良好的职业礼仪和习惯，做好从学生到职业人的衔接，伺机再做转变。那个时候，成长中的中小型企业又是很好的平台。而对于领袖来讲，中小企业少了条条框框的束缚，更容易施展。

如今的大环境，信息流畅，价值观多元化，大部分机会已非垄断，人人可取之用之。但没有什么好东西是唾手可得的，也没有好机会会从天而降，所以这是一个比被动地随波逐流更残酷的时代，眼睁睁看着好东西远去，比没有是不是更糟心？不如主动出击。

焱公子：新人如何在面试中脱颖而出

我给公司招聘运营人员，大家都在好好填表，一个姑娘上来二话不说就递了一沓东西到我手里。我心想，你要贿赂我也稍微收敛点嘛。她说，老师，这是我做过的所有东西，我都整理好了，如果你有时间可以先看看。立马感觉就不一样了，当大家都在按部就班做一件事情的时候，有人跟你说，我有个不一样的东西想给你看。我翻看了她的材料，很整洁。笔记本密密麻麻，记录着招聘相关领域的心得体会，后面粘贴着自己运营过的项目及成果，整洁有序，完全超出期待。当时我一拍大腿就跟合伙人说，就她了。

还有反馈的速度。我们布置了一个作业，要求应聘者对我们进行采访，写一篇几千字的采访稿。给了两天时间，有的半天就交了，有的掐着时间点拖到最后，如果稿件质量相当，你会选哪个？人心都是肉长的，谁都喜欢那种积极主动，渴望获得这项工作的人。

倪　云：了解华为最直接的方式还是华为的官方论坛——心声社区。很多内容是对外开放的，包括任正非的讲话和签发的文件，原汁原味。还有员工的自由言论，可以说尺度还是蛮大的。

康乐心：要在职场上为自己攒人脉，换工作的时候，内部推荐比传统渠道投递简历效率和精准度高很多。

第二辑

加入华为，大有可为

华为走到今天，在很多人眼里看来已经很大了、成功了。有人认为创业时期形成的「垫子文化」、奋斗文化已经不合适了，可以放松一些，可以按部就班，这是危险的。繁荣的背后，都充满危机。艰苦奋斗必然带来繁荣，繁荣后不再艰苦奋斗，必然丢失繁荣。「千古兴亡多少事，不尽长江滚滚流」，历史是一面镜子，它给了我们多么深刻的启示。我们还必须长期坚持艰苦奋斗，否则就会走向消亡。

01 入职礼

> 资源是会枯竭的，唯有文化才会生生不息。一切工业产品都是人类智慧创造的。华为没有可以依存的自然资源，唯有在人的头脑中挖掘出大油田、大森林、大煤矿……
>
> ——任正非《华为基本法》

签了工作，答辩完，距离入职报到尚一月有余。无所事事又充满希望的日子在拍照、吃饭、K歌，谈论人生理想的小酌中飞逝。

吃完最后一场散伙饭，我在博客上写道："年轻就是所有，而勇气是唯一也是最强大的武器。"

因为早就知道即将奔赴的华为是一个战场（火坑），这趟出征，颇具悲壮感。

物流公司集中几天来到学校，一幢楼一幢楼轮流打包行李。华为入职有些不同。不论工作协议地在哪，都要先去深圳总部进行两周大队培训。所以我们的行李分两部分，大头直接托运到协议地，公司在入职指南里给了地址，在临时宿舍附近，可保留两周。从那个时候开始，心理上有了些许优越感，毕竟，回到工作地，有个临时宿舍可以过渡，这可不是一般公司能够提供的。

还有去深圳的路费。不管你从哪里来，公司统一支付相同数额的路费，既公平又高效。这笔钱足够你支付从中国任何一个城市抵达深圳的机票了。我们这些华为新人，很早就跃跃欲试，一个学校同一天报到的相约一起买了机票。

用公司统一支付的路费买了机票，开启了我此生的第一次飞行，于大部分人来说，也是。

我一直看着外面变化的云海，看碧空浩瀚，看远方的远方那一条遥不可及的天际线。曾经，家里经常乘坐飞机的亲戚，特意把这些景象录了下来给我观看，实景还是更带劲。而心里，还有另一股劲，我也是开始赚钱的人了，可以靠自己乘坐飞机了。人生就此有了飞跃，仿佛可以凭借一己之力，把积攒在困窘生活里的卑微连根拔起。有了工作就可以发力了吗？个人的努力究竟能达到什么高度？

思绪一路翻腾，像窗外的云层一样。

公司安排了大巴车在机场接。在早于北方的热浪里，穿越过郁郁葱葱但是颓败的郊区、城中村后，我们被送进传说中的"洗脑圣地"——坂田，入住欧式庄园般的"百草园"。

四个人一个房间，上下铺，独立卫生间。比我们宿舍条件好多了。

拍工卡照、领工牌、办理银行卡、领军训服装、分班分组、听教官训话。

一切井井有条，按部就班。

这就是大公司多年摸索形成的流程化、职业化的体现。整个过程没有某个"人"的介入，而是一纸没有温度但是条理清楚的表单，予以引导指示，效率极高，几无疏漏。

马莹莹：抽掉一身懒筋

大部分人在学生时代都是懒散的。尤其是研究生后期，没有固定的课程，给导师干活也没有时间约束，日子过得昏天黑地。

报到当晚，大家就穿着军训服装在指定地点集合了。

我一开始没把这事放在心上，毕竟都不是学生了，总不能还来学校那一套吧，顶多走走过场。只是听说教官是天安门国旗护卫队退役的，所以还抱着点好奇心。远远地，就看到了教官棱角分明雕像般的侧脸和削成一根直线的身影，走近了，雕像还是雕像，列队、报数，一遍又一遍重复，他是没有表情的。接着指认铁三角，记住自己前后左右的人：姓名、房间、电话……如果他们违反纪律，自己也要负连带责任。又规范纪律：早上几点出操，几点到达华为大学的教室，下午的活动安排，晚上的观影讨论。培训期间一律不许外出，周末休息一天，点名时间前必须回来。

我顿时又回到了小学时代，大气不敢出地面对"高高"在上的老师。

我给朋友们说起这段经历，她们都表示不理解，已经出校门了怎么还那么听话？如果说，学校里的"听话"是一种阶级上的不平等，那么此刻呢？接下来的每一天每项活动都打分，培训结束后末位淘汰，别的不说，感觉很丢人啊。遵守纪律十几年了，咱还怕这两个周？不如"让暴风雨来得更猛烈些吧"！五分钟洗澡，十分钟吃饭，一路小跑，写观影感受，主动发言（重点在于"主动"二字，多少年没有在课堂上举过手了我）。

两周的时间，浑身的筋骨都活络起来了。人人朝气蓬勃，走路带风。

不过班主任也提醒过："这将是你们在华为最轻松惬意的时光。"事后证明，姜还是老的辣。这个时候再累再忙，也只是体力上的。一旦把心力调动起来，便不可同日而语。

在我二十几年的生命里，这是第三次军训。第一次是高中入学，开学前两周，正是酷暑难耐，每天在大太阳底下站队列、踢正步。老师说，真正的辛苦还在后面呢。你们一整个暑假都"放羊"了，现在要是不收收心，开学后更难熬。第二次是大学入学，大热的天还得穿着绿色的长款军装，那也是我第一次亲眼看见身体里渗出来的盐，在每个人的衣背上印下魔幻的白晕。老师说，大学生活不是高中老师说的那样，可以放松了，这里才是你们人生的起点。

套路，一样的套路啊。

倪云："干一行，爱一行"

大队培训，都是以一场辩论赛的形式结束。

正反方随机分配。题目多年来一样：

正方："干一行，爱一行"，反方："爱一行，干一行"。

我读书的时候，有过辩论赛和演讲的经验，就自告奋勇报了名。整个人打足鸡血，通过各种途径查找资料来支撑自己的论点，没有一丝一毫掠过这样的念头：我心里怎么看。全都是必须怎么看，就像高中时代写议论文一样，没有怀疑，只是一心一意找素材去论证这个命题。

我们四位辩手，每天在结束了一整天的培训后，聚在教室过素材，提炼观点，推敲对方的论点论据，然后演练，接连数日，每天夜里12

点以后回宿舍。赛前一晚，搞到了凌晨 2 点。结果也是令人欣喜的，我方"干一行，爱一行"获胜。几位辩手每人奖励一本书《自动，自发》。后来在华为的好几次活动里，奖品都是书。作为按工资比例缴纳党费的党员，每年也会获赠党委发的书。我手里有过《把信送给加西亚》《少有人走的路》《以奋斗者为本》。

值得高兴的是，参加辩论赛可以获得加分，没准就能进入优秀新员工的序列。整个大队培训到新员工实习阶段，我都抱着这样的心态，要保持优秀。

Q 先生是社招的，就在我们隔壁班，成了同事以后，他说："那个时候看你们，开始觉得特傻了吧唧，太把事儿当事儿，把自己当回事儿。慢慢又觉得年轻真好，很傻很天真，也是一种美好的生命状态。同样的两周，你们在演戏，我们在看戏。谁又能说哪种更有积极的意义呢。公司喜欢应届生，也是有道理的。"

回过头来再看这个命题，我想还是要辩证地说，没有哪个是绝对正确的。对于有所热爱的人来说，一定是"爱一行，干一行"能最大程度激发创造力和热情。但问题是，我们这一代人，大部分根本不知道自己爱什么。与其纠结在这个问题里，还不如把手头的事情做好，在"干一行，爱一行"的引导下发现自己的热爱。

我记得 1999 年，任总在回答新员工问题时这样作答："公司允许员工有挑选岗位的机会，不用封建包办婚姻式的包办定终身，但过分自由也不好。因此你在工作中要先服从分配，尽快磨合，让思想火花在本职工作中闪烁出来，慢慢爱上这个岗位。如果发现很不合适，还有调换机会。但万不可这山望着那山高，结果哪座山也爬不上，最后被公司淘汰了。干一行爱一行、爱一行干一行是相对的，不能无限地乱爱下去，不能无限制地调换岗位。"

到了 2016 年，新员工问道："我工作的岗位和之前的专业不太相关，您有什么建议？"轮值 CEO 郭平说："我个人觉得，对于基层岗位要爱一行，干一行，这样你能忍受挫折。如果你很讨厌这个工作的话，你很难深入，我觉得你可以选择放弃。"

范一凡：巅峰时刻

我大二开始学吉他，会的歌不是很多，也就是几个简单和弦加弹唱的水平，但还勉强拿得出手。研究生毕业晚会，个人的弹唱反响还不错。平时有事没事拨弄两下，兴致到了，也会自己做了吉他谱传到网上。

大队培训结业的晚会，我参加了弹唱、小品、跳舞，三四个节目，好多人找我要工号，自信心爆棚啊。当时一起表演的一个女孩，身材出众，被一个老员工盯上了，刚从台上下来，他就冲到人家面前，一把从胸口撩起工牌来看工号多少。半秃的脑袋、松松垮垮垂坠的腹、厚厚的眼镜片下一脸"闷骚相"……有意思的是，两年后，也有一个女同事这么撩起我的工牌，正当我蒙圈时，原来是一个校友，想不起我的名字，囧。

在一般人眼里，直接抓别人工牌是很不礼貌的，但在华为人眼里，这叫效率！就从这一"抓"的细节里，我步步莲花，迅速迈入了标准的华为人模式：计划制定了没？工期要多久？什么，这么久，不行，再缩短！什么时候交付？什么，还有 bug（漏洞）？明天给我解决！这种工作风格最后沉淀到生活中，就是直奔目标。当"闷骚"的技术宅男遇到美女同事时，未必上去问：美女什么名字啊？而是抓起工牌直接看。（申明：自我调侃一下啊，在职的华为人，尤其是男同胞们，还是小心对方妹子把你当流氓一拳打过来。）

那段时间，整个人积极上进，精神面貌特别好，说是活力四射，说是八九点钟的红太阳都不为过，我的青春在那一刻是蓬勃绽放的。等进了上研所（华为上海研究所），工作大山压下来，速速成了夕阳红。我还记得参加上研所的青春歌会，我抱着吉他弹唱了一首罗大佑的《歌》，尽管歌词带着"死去""坟上"，但我看到的是蔷薇沾着雨露。因为我奶奶家后院就有一株蔷薇，在我小的时候比我个头还高，花开时节，绿翠映着红霞，特别美。歌声略带伤感，配合吉他旋律，径自陶醉，脑海浮现蔷薇花开，瞬间从烦乱的研发生活中静逸下来。睁开眼，周围却是汹涌奔忙的人潮。那次初赛意外拿了分赛区第一，决赛的时候出差赶项目只能放弃。后续在华为的日子里，我的吉他再没有拿起来。

景浩然：纵横坂田基地的科学家

在中国，几乎每个城市都有一条"建国路"，我已经习惯了这样一个事实：路名就只是一个名字而已。

当年被大巴车拉到华为坂田基地，每看一个路名，我都惊如炸雷。

居里夫人大道，南北走向，路西是华为的各大办公区，是工作的地方，路东是中国最高学历城中村马蹄村，以及百草园，是华为人生活的地方；

稼先路，东西走向，位于坂田基地中部，是华为基地的南北分割线，绿树成荫，承载着华为人日复一日匆忙的脚步；

张衡路位于华为基地最北端，一直延伸到富士康，出了这条路，可一览深圳城乡结合的原始风貌；

隆平路短短的，西起华为 C 区数据中心，东抵万科城，是一条回家的路；

贝尔路是坂田华为园区最靠南的一条路；

冲之大道厉害了，纵贯华为坂田基地，从北到南把张衡路、稼先路、隆平路、贝尔路连接起来，四个红绿灯路口。

这是我第一次看到集中以科学家命名的道路。这些路出了华为基地，又另作他名了。不过除了贝尔，其他科学家倒是跟华为的产品没有多大关系。

2014 年，华为在各大媒体刊发了半版广告：一个穿着布鞋在大学上课的老人，文案只有一句话："华为坚持什么精神？就是真心向李小文[①]学习。"我又一次想到横卧坂田的这些科学家，除了在各自领域有突破性建树以外，他们都曾默默无闻，长期艰苦奋斗。

这就是华为所倡导的文化：精神上的艰苦奋斗。老板[②]有远见啊，在建设基地的时候，小到一个路名，都是费了大心思的。

焱公子：大队培训记忆最深的片段是，巴基斯坦、孟加拉国枪林弹雨，所有竞争对手都跑了，华为人依旧坚守岗位，帮助恢复通信保障。看得人热血沸腾，立马想冲过去。

---

① 中国遥感地理学家，中国科学院院士，因一张穿着布鞋上课的照片而进入大众视野。
② 华为员工对任正非的亲切称呼。

大队培训的震撼还是有的，把浑身的懒筋都给抽了，提前进入战斗的戒备状态。你们还是学生，本来就很服从。我们这些社招的，感觉是，被弄成一个团体，又回到学校，上课、排练节目、讨论问题，跟以前的生活不同了，还挺憧憬的。

张　彻：我是刘姥姥进了大观园，百草园的房子、华为大学的培训楼、研究中心的食堂、冲之大道都太好看了，宏大、气派、锃亮。以至于后来去深圳出差还专门又走了一遍，确认我当时没有眼花。

心　声：早上5点半起床军训，晚上11点半结束学习，这是我们今天耳熟能详的所谓文化"洗脑"或者魔鬼训练。但在那个时候，对于一个已经急不可耐想跨出学校进入社会的毕业生来说，在没有任何工作经验却带着可观的月薪、在没有任何负担却身处优美居所、在接受完全有别于学校枯燥理论的崭新实践学习的时候，便真的如同海绵遇水一样，汩汩吸取、不知疲倦。

02　起跑的各种姿势

公司要求每一个员工，要热爱自己的祖国，热爱我们这个刚刚开始振兴的民族。只有背负着民族的希望，才能进行艰苦的搏击，而无怨无悔。我们总有一天，会在世界舞台上占据一席之地。但无论任何时候、无论任何地点都不要做对不起祖国、对不起民族的事情。

业余时间可安排一些休闲，但还是要有计划地读些书，不要搞不正当的娱乐活动，为了您成为一个高尚的人，望您自律。

——任正非《致新员工书》

大队培训结束，我们一个宿舍的、铁三角的、辩论队的……两周内短暂形成的友谊团体纷纷留下了自己的工号和联系方式，约好内部联系。

行销体系的同学，还在深圳进行他们的魔鬼训练：一营、二营、三营培训，然后听天由命，被投放到七大洲、五大洋的某个角落；研发体系，回到各自签署的研究所，但是"投胎"到哪个产品哪个部门，这个要看命运的安排了。

枪声一响，各自进入战斗状态。从疏于联系到少有联系，最后完全失散。

不同的跑道，各自奔忙。

倪云：不以善小而不为

导师分配给我一项工作：把以后预备转手给我的，公司历史上发过货的某类产品全部整理出来。他指了一个同事："他会告诉你怎么做。"

早我入职一年的 Z 先生很耐心地告诉我，按什么关键字，在公司的哪个系统里搜索，搜索出来后，查看当前状态，然后，把它们按照特性整理到 excel 表格里。

我就职的岗位，完全专业对口，但还是惊奇地发现，所学与所做根本对接不上，眼见的所有词句于我来说，都是熟悉的字，但不知其意。做了一天以后，我更悲哀地发现，这个工作实在是太繁琐了，每天进展不了几条。信息非常不完整，数据需要调出好几个系统核对。更麻烦的是，很多还搜索不出来，需要参考他人自制的表格数据，越发不靠谱了。

这些都是 IPD（集成产品开发）流程推行初期，不规范操作或者说不屑于流程管理而遗留下来的问题。人人恶之，人人远之，又不得不用之。

抱着极高工作热情的我，连续工作数日，终于把整个表格完善了。对于那些不靠谱的数据，我找导师求助，他塞给我一堆供应商的产品规格书，我逐一核对。还有不能确定的，我就从系统里查看当时的申请人，依据工号查到他的联系方式，当面核对。最后交付了各方满意的成果。三个月的实习期，除了这个，还把该类产品的技术指导书等一系列基础文档也全部梳理了一遍，并在导师的协助下召集相关专家做了评审，正式发布。

像是铲除了一个毒瘤。周边部门的工作效率大大提高。

而我，在这个不断重复的过程中，相关术语概念烂熟于心，一下子跟理论接上了头。因为工作的过程中，摊子铺得大，求助面广，一来二去，跟各相关领域的人都热络起来，流程也用得得心应手。

毫无悬念，三个月的实习期结束，转正答辩 A，表彰又加薪，当年的绩效也好，年底的奖金超出预期。

一切都在往积极的方向发展，人也自信起来。

那段时间，我周一到周五晚上都加班，白天工作，晚上学习，很充实也很快乐。父亲常常打来电话询问工作情况，听到我在加班，很开心地说："刚开始工作一定要努力。"

我在华为的职业生涯算是开了一个好头，这里面，除了自己很傻很天真，分到手的活不分贵贱一揽子全包外，离不开导师的两句名言：一、华为最不缺人才，大家都是好学校毕业的，区别在于你会不会利用资源。首先，要善于求助。其次，找对人。二、不要犯错误，这对一个人是万劫不复的。华为的流程规范很多，不管什么事，按照流程来，不要通过个人关系私下处理。

我的导师是在研究所工作多年后来华为的，对人性多有洞察。尤其是求助一项，我受益匪浅。

后来独自承担一类产品，经常和供应商技术交流，来人可都是这个领域的首席专家之辈，我还处于半知不解状态，就经常邀请相关的专家和我一同去，交流完了我再补课；去供应商处厂验，我人微言轻，也是拉着权威专家助阵，借机就问。一来二去，自己也算半个内行了。

随着接触到业界专家的机会越来越多，知识储备上、套路上都有精进，很快就能独当一面了。主管也对我形成判定：不管自己会不会，都能利用资源自行解决。主管便开始放手让我做更多有挑战的项目，步入良性发展。

华为高级副总裁陈黎芳答新员工时说："我给你唯一的建议是多干，抢着干，干得越多，就学得越多，你就有机会去干更重要的事情。如果真做到了，你一定会受益匪浅。"我深表认同。

蔡韬：自我学习，勇于挑战

我当年进华为的时候，人还不多，一个人要负责很多东西，接触到方方面面的知识。既从事过产品开发，也支持过一线，还参与了很重要的预研工作，千锤百炼啊。但是现在情况不一样了，一切步入正轨，组织完整，流程完善，新人在华为更像是一颗螺丝钉了。所以我还是庆幸自己在恰当的时候进了华为。

那时候在上海金桥软件园办公，每天吃完午饭，会和同事绕着园区的湖边散步。有一天聊到人才的培养，我的导师指着湖水说："华为对新人的培养，就是直接扔水里，自学游泳。华为的人才机制是选拔制，不是培养制。"所谓"师傅领进门，修行在个人"。

而我，就是活生生的例子。啥都不会的时候，就直接上项目了，一旦上了就扑进去搞个水落石出。做成几个小项目后，在部门里有了好的口碑，开始被领导"赶鸭子上架"，啃硬骨头。虽然是款小产品，但是能解决网上一些特殊的应用场景，业界首创，很有价值。可能因为前面项目见山开路、遇水搭桥，都圆满交付了吧，我倒是没有畏惧，遇到问题解决问题，一点点边学边做，进步很快。

我在华为的第二年，被临时安排去国外做支持，临走前一周开始办签证、打疫苗、学习设备和仪表，连信用卡额度都还没升级成功，就拎了设备急火火地走了。走的时候是身无分文，银联也不像现在到哪都能用，想着信用卡开好了就行。总共行程40多个小时，中间要转机一次。结果信用卡额度没升成功，上限就100美元，机场酒店是100欧元，我就在机场的椅子上睡了一晚。出海关的时候，拎着几个大设备心里直打鼓，还好海关交了10多美元就过去了。对了，这10多美元，还是在机场快餐店用信用卡换的。

这件事我印象特别深啊！从小到大，我也没做什么出格的事情，但是那次，部门派不出人手，我是现学现卖去的，比起外部的动荡不安有惊无险，心理承受着更大的压力。所幸，问题也有惊无险地解决了。年轻啊，心里没有畏惧，身体也没有畏惧。不会再年轻回去，也就不会再发生这样"二"的事了。但是遇事确实不怕了。

对于我的职业生涯有更深远影响的是另一件事：养成了自我学习的习惯。

我并非专业对口。迫于项目压力，当时自己定了一个目标，每天再忙，回家都看半小时书，周末有半天时间也是安排给看书的。这样足足坚持了两年，把基础都给补上了。你要知道，在一个领域里夯实基础是有多么重要，这就能立足了，谁也抢不走的。而学习的习惯，一直保持到现在，这个是终身受益的。

杨洁：跟着牛人，见缝插针

我当年离开研究所，是因为没有干劲了。等大队培训完回到上研所，跟着一帮年轻人热火朝天地干活加班，特别带劲，有一种新生的感觉。

我来华为的时候，孩子都好几岁了。一个老大姐，天天听讲座，见谁都问，整个人好像很亢奋。连我自己都觉得奇怪呢。当时在研究所还在职读博士，已经读了两年，离开就意味着放弃。可我还是走了，因为感觉不到成长。

在华为，当时项目组里的氛围、所参与的项目、接触的人，唤醒了我的求知欲。因为我原来对基带比较熟，过去以后独立负责一款以基带为主的小站，项目进行的过程中，连学带问，把相关领域也打通了，年度考评 A。

后来跟着"大牛"专家搞第一台 LTE（4G 长期演进）基站，整天看相关的文档，我现在对整个 LTE 系统的理解，基本都是在那个时期形成的。我成天追着"大牛"专家问东问西，他开个什么会，我就跟着过去，估计他都很烦我。有时候他说，你可以不参加，我说我现在正好没什么事，听一下。他跟物理层的专家讨论的很多东西，有点超出我的知识范畴，听不懂，我就记了很多笔记，回到工位再整理成电子档，我这个人爱丢三落四，怕把本子丢了。每天的笔记里，把人家说了什么写出来，再把我对这个东西的理解写出来，收获是非常多的。

这样的干劲保持了三年。

十年后再回到原来的研究所，我的知识结构系统已经全部打通了，可以站在比较高的层面跟大家讨论这些东西，基础就是那个时候打下的。

向阳："搬砖"的群体英雄

我刚入职不久就参与了 GSM 多载波项目的开发。开工会上，当我听到"世界级难题"这样的字眼时，真是血液沸腾啊。你说是吧，多厉害！当年从学校出来的时候，谁不是梦想着干点大事。当然，这段经历也成了我现在吹牛的资本。但是你知道当时的感受吗？炼狱！没有比这个更好的形容了。到最后那 10 个 dB（分贝），连续四个月，每天在实验室里做一样的事情：把系统设计师给的方案以不同的功率配置在不同的板子上跑一遍，记录数据，寻找规律，多数情况下一点规律都没有。每天早例会的时候，各领域的负责人都会说，哪里又做了优化设计，应该会有不一样的结果，但每次都一样。项目组有项目组的分工，我是新人，做最简单的操作，至于为什么这么做，一知半解，都是操作过程中一点点领悟的。这种看不到希望的操作真让人绝望啊，有时候就在我完全不抱希望很机械的一个动作下，它跑出来的结果又给我一点点希望，大队人马就在这样的死磕中前行。直到老大喊着，我们成功了！我也无法把自己做的事情跟"世界级难题"联系在一起。

后来陪孩子练琴，我时常会想起这件事。他开始学琴是好奇，能弹出个调调就很有成就感，再往后是枯燥的重复，长期的重复之后又是豁然又是自如。这就是克服困难的必然过程，重复琐屑是一个必经阶段，不是智商讨巧可以逾越的。超越过去，就是一次飞跃。我们可能受到太多方法论的影响，总想着事半功倍。

我那个时候很羡慕做设计仿真的同事，觉得他们干的是高级活。再过两年，我做了这个活才发现，当大的架构定下来以后，每个领域的改进又都是细微的。而当我做了设计师，摆在我面前的，是冰冷冷的指标，行业的标准、国家的标准、企业的标准；是尺寸、成本和货期；是百万千万级发货的商业产品的可生产性、可维修性、运输、防水防雷防盗散热一系列约束因素，我依然在琐碎中辗转腾挪。宏大的目标就是在这种琐屑的操作中实现的，除了被标榜出来的带头人，没有英雄。那种天才人物在实验室孤军奋战、改写历史的日子一去不复返了。个人在恢弘的群体事业中显得苍白无力。这也是很多研发人员做久了，会缺乏成就感的原因，戏谑自己是"搬砖"的。

任总就这种现象讲过一个故事：搬石头就是修教堂。

两个工人一起在工地里搬石头，很累，汗流浃背。

一位老者过来问之：你们在干吗？

一人回答说：在搬石头。

另一人回答说：在修教堂。

十年后。

回答在搬石头的人依然在搬石头，唯一的改变是背有点驼了。

而另一个回答在修教堂的人已经成了一个令人尊敬的牧师了。

看到这个故事的时候，我还正在埋头搬砖，目中全无教堂。

一直到我离开华为，作为旁观者，看夕阳中那一座座矗立的铁塔，被余晖渲染成画，安装在铁塔上的设备正在连接万千手机，它们看上去那么亲切那么美，一种参与感油然而生。放眼全局，才能感受到工作的意义，也即汗水的意义。我想，搬石头和修教堂的差别就在于此：做事情的时候是不是有全局观，是不是有主动往上看一眼的意识。脚踩大地，仰望星空，大抵如此。

张　彻：人的潜意识里是有被认可的需求的，如果在一开始能够激发出来，后面受益无穷。

心　声：我后来出去面试，不同的行业，都被问到一个问题："你最近在读什么书？"读书很重要，养成读书的习惯更重要。你会从固有的思维模式里跳出来看待事物，这就是成年后的学习和成长。

心　声：看到身边的同事个个都厉害了得，成天盼着自己也成长为"牛闪闪"的专家。不得不说那时的工作氛围还是非常好的，有利于新人快速成长。同事之间的关系也单纯，除了师父，其他项目组里的同事也都是倾囊相授，没有丝毫保留。

心　声：2012 年入职后，响应公司号召，参加了四个月的新员工核心工程营实践。估计大多数 2012 年的同事都对此深有感触，不理解为什么公司不安排我们进入部门开始"高大上"的工作，而要戴着安全帽，穿着灰不溜秋的工作服，下放全国各个基地，做硬装和代维。当初真的是无比的迷茫和焦虑，但是回过头去看，核心工程营那段日子也不失为一段宝贵的人生经历。一群刚毕业的学生，跟着分包商师傅，抱着线缆，扛着基站模块，上楼顶、下地库，拿着测试机穿梭于各种酒店、小区间测试信号，还有集体看电影写心得总结，输出日报、周报、月报，联合作战应对超级难的考试等。这也真是围绕着"意志、体格、品格、视野"八字宗旨来开展的。我想也正是经历了这一番锻炼，少了一份浮躁，多了一份实干，少了一份娇气，多了一份坚持。

马莹莹：当我在华为通过技能鉴定考试二级的时候，长舒一口气，
老娘这辈子再也不用考试了！只有华为吧，还保持着这份
认真劲，技术任职除了答辩还要笔试。

03 阳光下的蝼蚁

> 新员工进入华为，第一眼看到的、处处感受到的就是华为的艰苦奋斗。一些人对此感到不理解。他们会提出这样的问题：华为为什么要艰苦奋斗？回答这个问题涉及另一个根本的问题，那就是：华为为什么能活到今天？华为将来靠什么活下去？
>
> ——任正非《天道酬勤》

普希金有首诗《假如生活欺骗了你》：

假如生活欺骗了你，

不要悲伤，不要心急！

忧郁的日子里须要镇静：

相信吧，快乐的日子将会来临！

心儿永远向往着未来；

现在却常是忧郁。

一切都是瞬息，一切都将会过去；

而那过去了的，就会成为亲切的怀恋。

工作的头两年，我深信自己是被生活欺骗了。传说中 office lady 标配的小黑裙高跟鞋呢？整洁的现代化实验室呢？下了班的精致晚餐呢？为什么我每天都是平底鞋休闲装，在凌乱的实验室搬着沉重的模块组装测试，每晚吃食堂，加班到月上柳梢头？

彼时的我，租住在老破旧的"某某新村"，因为一次在拥挤的公交车上缺氧晕倒，交通工具改为自行车了。我几乎天天加班，新人嘛，又没孩子，已经习惯了待在公司学点东西。有一天晚上停好自行车从车棚出来，门口的大爷问我："华为的？"嚄，可真突兀，我四下打量，自带华为 LOGO 了？还是我已经长出华为脸了？大爷一笑："这两年啊，我发现每天很晚回来的老是那些人，就好奇啊，是干什么工作的，第一个说华为，后来我一问一个准。"我是该苦笑呢还是该傻笑呢！"你们这些外地来的年轻人不容易，不过也要注意身体啊，尤其是女孩子。"我深深地点头称是，也才第一次意识到，这样的作息会是常人眼里的另类。

写到这我突然想，若干年后，当大爷用华为 Honor 跟小孙女视频的时候，会不会想起我们，又将以怎样的口吻述说？

后来公司搬到新基地，散落各个办公点的员工都聚集到一起了。有一天晚上开完会出来 10 点多了，准备打个车，赫然发现公司大门两侧的路边整齐地排列着出租车，保安正在维持秩序，像机场一样，按照顺序依次放行。10 点钟是可以报销打车费的时间点，出租车司机也嗅着味过来了。

网上有个段子，说北京的各个 IT 公司在下班的时候都会停很多出租车，方便打车回家，然而只有华为门口很少有出租车，原因就是华为不下班。显然不符合事实嘛，那是因为华为有班车！

不得不说，每个华为人的记忆，都绕不开加班，这是我们的骄傲和殇饬，也是如今亲切的怀恋。

秦川：正常节奏

产品已经定下了 TR5（技术评审点，通过后可进行小批量试制）的时间，还剩两个问题卡着。其中一个，我作为该特性的设计者，当然也是第一责任人，必须明天给出结论。

虽然问题的原因很明确，是一个领域的指标没有达到设计预期，但此时已无退路，只能从系统设计的角度权衡，两害相权取其轻。

研发和测试人员已经连续几天不眠不休了，验证了一套又一套的方案，今晚是最后一搏。

我们协调了外面合作机构的温箱，制定了最终的验证方案，产品需要在高低温的环境下测试，每修改一次方案，都要等待回到常温。而测试，又需要升温，周期很慢。一直到凌晨 3 点半，预期的结果才出来。

测试的小姑娘留在实验室用更多的产品验证。我撤了。

又一次，一个人走在凌晨 3 点半的街道上，并不是想象中的一片安静。附近工地的运土车一辆辆轰鸣而过，还有一些大车载着绿化的树木，工人在夜色下栽种，这种工程白天没有办法开展，除非想让交通瘫痪。

连续好几天扎在那堆差异化极小的方案里，整个脑袋有一种蚂蚁啃噬的感觉，窸窸窣窣的疼痛，无处不在，又无迹可寻。夜晚的凉风嗖嗖地窜进脑袋，挺舒服的。我没有停下来等出租车，一边慢慢朝着家的大致方向走着，好让自己再清醒一下，一边看工人们在路灯下忙活的身影。不远处的路沿上，坐着一排穿着荧光服的清洁工，夜色里的活干完后，他们就该上工了，要在天亮之前恢复这个城市的清洁。

每一次项目到了节点的时候，都是一番热火朝天。测试部夜以继日地照着 checklist（清单）测试特性，新开发的自动化测试软件可以 24 小时无休地跑，一个样品多次测试，多个样品同时测试，出了问题会记录下来，任何一个小问题都给特性负责人提问题单，限时解决。到了最后的节点，进入白热化阶段，所有问题必须闭环，不能即刻闭环的，也要有经过验证的可行方案。能留到这个阶段的问题，用脚想想也知道，一定是棘手的。

项目一个接着一个，节点一个赶着一个，此起彼落。每个产品在最初做人力和时间规划的时候，就是按照公司正常节奏（加了班的战斗力）来预估的，遇到加急的进度，领导会再加一句："兄弟们辛苦一阵子啊，项目完了我们好好放松。"然后这个没完，下一个又开始了。放松，往往就是某个工作日晚上的一顿胡吃海喝。

一辆出租车在路边停了下来，我上了车。第二天早上，还是 7 点多就醒了，脑子有点糊涂。昨晚的所有测试数据，测试人员已经整理出来发给我了。分析数据，出方案，写报告，评审报告，一气呵成，抬眼已是正午。

倪云：层出不穷的意外

周五快下班的时候，市场传来消息，有一个项目出了纰漏，目前无法实施下去了。开会制定新方案，会后发给大家一个会议纪要去落实，打开一看，全部是要我落实的，首先要验证新方案有没有风险，然后给出具体执行的指导书。周五晚上，我加班做实验，未完。周六继续，下午 2 点多终于搞定。

步行去碧云国际社区（上海浦东）觅食，阳光正好，沿路是漂亮的酒吧、料理店、烧烤店、西餐厅，老外悠闲地啜饮着咖啡，谈笑无忧。运动场上，孩子和大人都穿着专业队服沉浸在足球、篮球、棒球、垒球等各项运动里，奔跑跳跃，和灿烂的阳光很相配。

终于到了家乐福，吃上了我的牛肉面。

吃饱喝足，坐在外面的草坪上，手里拿着移动通信的书，脑袋却在想，这一年除了工作我还干了些什么。答案一下子就出来了，百分之百的精力投入了工作。每天早上8点出门，晚上9点半回家，回家的路上还想着一些棘手的事情该怎么处理。回到家里就累得不行了，抽空买的书无数次拿到手上又放下去，后来干脆也不拿了。家里的电视机就像个摆设，偶尔瞄一眼新闻和访谈节目。这样的日子久了，整个人对其他事情也兴趣寡淡。早就跟朋友约了昨晚一起去游泳的，到下班的时候紧赶慢赶工作还是没完，想都没想就爽约了。生活中的一切都为工作开道，这样的自己是不是有点可怕？

每天晚上拖着疲惫的身体回到家的时候信誓旦旦，明天不加班了，可是到了下班的时间什么都忘了，沦陷在干不完的活里或是某种不可自拔的惯性里。是不是自己效率太低，是不是工作方法不对，是不是责任心太强，有什么办法能更高效地工作？

脚底下有一群蚂蚁，挤得密密匝匝，拖着一个形似苹果残骸的东西移动，旁边还有一些挤不到跟前的，惶惶乱撞，却没有一只停下来袖手旁观。

起身拍拍屁股，回公司写指导书去了。

张彻：优秀的习惯

你也觉得我是一个工作狂吗，一来就问我加班的事？（笑）不过我的回答可能会让你失望，除了月末周六的例行加班，大部分时候的加班，甚至通宵，我是自愿的。虽然事后也很劳累，甚至引发家庭矛盾，但是在那些是否加班、加多还是少、要不要通宵的节点上，我潜意识里做了向前一步的选择。哪怕是现在，我也没有后悔或者像有些人说的"少不更事"，对我来说这就是自然而然的。

我想把事情做得更好，我想体现出自己的独特价值，一个问题解决不了我没法放过自己。

在这个竞争型的环境里，人会自觉地向别人看齐。大家智商也差不了多少，优秀惯了的人必须付出更多来保持优秀啊，所以加班很正常。我现在对加班啊、什么多苦多累一点印象都没有。人啊，是有一些积极向上的本性在里面的，有选择性的记忆。所以我也认同一个观点，工作不能带给你值得回忆的东西，那些所谓的成就感只存在于瞬间。很显然的现象，你做完这件事，就意味着你要开始做另一件更具挑战性的事了，就像轮回一样，无穷无尽，你也不知道什么时候能修成正果。干一次有成就感，后面你就知道这个套路了啊，成就感会越来越弱。

但是我记得带着一帮兄弟去北京出差，晚上加完班，坐在郊区的大排档，吹着夜晚的凉风，吃烤串喝酒的场景。还有在西安，半夜杀到夜市，用一罐罐冰凉的啤酒把沸腾的大脑冷却下来，把兄弟的情谊释放出来。这里天大地大，嘈杂喧嚣，什么气都能瞬间被吞噬消融掉。记忆主动加载了这些，而不是工作的场景。

在我看来，加班本身是一个中性的词，发于内心还是迫于形势，以及加完班的善后，最终决定了它在每个人心中的属性。

> 杨　树：做研发的时候，一到项目节点，就算没你这个领域什么事，也可能要配合别人定位问题，也要待在公司不能走，出了问题可以立马解决。后来在海外做交付，因为时差，经常半夜把研发人员叫上电话会议，如果他不开机，就叫他领导。
>
> 康乐心：不是十万火急的会，经常安排在晚上，比如项目例会之类的。有些项目经理为了制造紧张的气氛，把例会的时间定在晚上9点。一旦扯起来，就没完没了，能亲身感受到时间流逝。有人说："流逝的不是时间，是我们身上的精血。"
>
> 心　声：多少个灯火通明加班的夜晚，一群人神出鬼没、四处游荡，寻找桌面上散落的零食。
>
> 景浩然：有一次产品临发布出了个内存泄露的问题，我通宵了一晚上，实验了无数的可能性，早上告诉大家搞定了的时候，我都觉得自己在发光。

加班，几乎是除了高薪以外，华为人的第二张名片。

高薪这事，人人都爱，且无止境，但是秉持着华为人的低调，只凭外界美慕嫉妒恨也好，夸大其词也好，都不声张；至于第二张名片，那是有声音的地方就有槽点。

华为的加班文化是怎么兴起继而传承下来的？

华为公司为加班创造了什么条件？

华为人为什么一边抱怨一边乐此不疲地加班？

华为发展到现在，加班文化还适用吗？

华为人的加班量到底有多大？

公司没有一个公开条例强制员工加班，只是创造了加班的条件。

加班条件一：弹性工作时间。每天可以晚到 1 小时，按月结算总工时，平均每天不得低于 8 个小时。华为当前的上班时间是早上 8 点，下班时间为下午 5 点半，如果每天早上 9 点到公司，一周欠 5 个工时，周二、周四两个 2.5 小时加班正好补齐。很多人的加班就是这么来的。

外企的小伙伴一头雾水，朝九晚五点半为啥不足八小时？因为中午 12 点到下午 1 点半不计入工时，吃好饭大家都乖乖睡觉吧。

那下午大不了晚走一个小时，下午 6 点半走不就行了？对不起，下午 5 点半到 6 点半是晚餐时间，不计入工时。

加班条件二：免费晚班车。正常上下班的班车是收费的，车况都相当好，从深圳南山到坂田怎么也得十多块。晚上 9 点的班车是免费的。

加班条件三：月末周六全公司统一加班。这个来源不明，但是用途明确，因为奋斗者放弃了年休假，可以在需要休假的时候抵用，这一年也有 12 天了。当然，不用的话可以申请换成双倍工资发放。关于这一天的加班，也没有明文规定。但是想想全球十几万华为人都在奋斗，卿心何安？

加班条件四：绩效考核，有一项"劳动态度"。

加班条件五：夜宵。五六年前，华为各研究所的食堂晚上都是营业的，加班到 8 点半以后，可以免费吃夜宵，那是相当丰盛。这个最早应该追溯到创业初期，老板亲自送包子稀饭的关爱之举。外研所有些食堂条件不够，晚上8点半开始在食堂发放水果、面包、饮料、牛奶之类。那个时候的华为人可真年轻，大部分是一毕业就进来的，单身居多，平时也没有什么娱乐活动，又心怀壮志，所以很多人都自觉加班到8点半吃个夜宵，然后坐个免费班车回家。后来出于节约成本的考虑，夜宵制度取消，改为补贴7元打到工资卡里。

一个新员工来到华为，顺应本性随着大流，突然就发现自己除了加班已无他好，习惯就这样润物细无声地培养起来，戒也戒不掉了。

加班究竟到什么程度呢？研发体系大致如下：

一般情况下，周二、周四晚上例行加班到9点，这个算是默认，经常会安排培训、会议，缺席了影响"劳动态度"。周一晚上酌情。周三在华为有"小周末"之称，部门会组织一些体育运动，还有各种协会的活动，原则上不加班。月末周六加班一天。

项目忙的时候，周一到周四晚上加班，有晚例会打卡，一般到9点，冲刺或者突发情况更晚，周六加班，偶尔周日加班。

公平来讲，从加班时长上算，华为不是加班最狠的那个，往多了说也就是国内互联网行业惯常的"996"，如果说有区别，那就是华为的加班由来已久，在互联网行业诞生之初，它就成了"文化"。

但是为什么大家反应那么剧烈呢？我咨询了一些后来去其他加班也很猛的互联网公司的朋友，摘录几条比较有代表性的：

"把加班上升到公司文化来讲，系统性地长时间全员加班。我不能心安理得地按时下班，哪怕自己分内的工作已经完成了。如果我经常不加班，就会被认为'工作量不饱满'。在一个以加班为荣的公司，这个词就像一个魔咒。如果你给了领导这个印象，那么你就会被快速增加新的项目，反正公司里的事，大家都知道，没完没了。我陷入了虚情假意加班的恶性循环，没事也得加班，因为我不应该没事啊。"

"上班被太多非核心价值的东西（沟通、协调、胶片、开会……）干扰了，没办法全身心工作。一天真正属于我职责范围的活集中干一个上午就可以完成，但往往等到下午5点半我才能开始真正意义的干活。"

"加班多晚是自由的，但是第二天到岗的时间是不自由的。又没有休假的氛围，'休假'似乎就等同'不奋斗'，人容易陷入持续加班的惯性中，对生活和工作失去热情。抱怨在所难免。"

"人很会自动地把精力'匹配'到所预期的时间上，当预期里有晚上的时间，就会不自觉地拖延。况且，加班是受到鼓励的。"

说白了，积怨都源于"无效加班"，那是在疼惜自己枉然的流逝的生命。

这些情况，人人心知肚明，为什么依然如故？

华为加班的问题在社会上引起哗然始于2006年的胡新宇事件。那个时候，社会上关于过劳死的案例还极其罕见。可以想象引起的震荡，外面风雨欲来，内部怨声载道。

任总提出要求："真正搞出一篇纲领性、史诗般的文章，把坏事变成好事，促进华为长期稳定发展。"这就是后来的《天道酬勤》，在公司的地位仅次于《华为基本法》，当时由副总裁牵头，十余人两周八易其稿，任总每版亲审。可以从字里行间感受到的是，公司并没有在舆论的压力下做出妥协：

"用于电子工业的生产原料是取之不尽的河沙、软件代码、数学逻辑。正是这一规律，使得信息产业的竞争要比传统产业更激烈，淘汰更无情，后退就意味着消亡。要在这个产业中生存，只有不断创新和艰苦奋斗。而创新也需要奋斗，是思想上的艰苦奋斗。华为由于幼稚不幸地进入了信息产业，我们又不幸学习了电子工程，随着潮流的波逐，被逼上了不归路。创业者和继承者都在销蚀着自己，为企业生存与发展顽强奋斗，丝毫不敢懈怠！一天不进步，就可能出局；三天不学习，就赶不上业界巨头，这是严酷的事实。

"创业初期，我们的研发部从五六个开发人员开始，在没有资源、没有条件的情况下，秉承二十世纪六十年代"两弹一星"艰苦奋斗的精神，以忘我工作、拼搏奉献的老一辈科技工作者为榜样，大家以勤补拙，刻苦攻关，夜以继日地钻研技术方案，开发、验证、测试产品设备……没有假日和周末，更没有白天和夜晚，累了就在垫子上睡一觉，醒来接着干，这就是华为'垫子文化'的起源。虽然今天垫子已只是用来午休，但创业初期形成的'垫子文化'记载的老一代华为人的奋斗和拼搏，是我们需要传承的宝贵的精神财富。

"华为走到今天，在很多人眼里看来已经很大了、成功了。有人认为创业时期形成的'垫子文化'、奋斗文化已经不合适了，可以放松一些，可以按部就班，这是危险的。繁荣的背后，都充满危机，这个危机不是繁荣本身必然的特性，而是处在繁荣包围中的人的意识。艰苦奋斗必然带来繁荣，繁荣后不再艰苦奋斗，必然丢失繁荣。'千古兴亡多少事，不尽长江滚滚流'，历史是一面镜子，它给了我们多么深刻的启示。我们还必须长期坚持艰苦奋斗，否则就会走向消亡。当然，奋斗更重要的是思想上的艰苦奋斗，时刻保持危机感，面对成绩保持清醒头脑，不骄不躁。

"艰苦奋斗是华为文化的魂，是华为文化的主旋律。我们任何时候都不能因为外界的误解或质疑动摇我们的奋斗文化，我们任何时候都不能因为华为的发展壮大而丢掉了我们的根本——艰苦奋斗。"

这件事情之后，公司也做了反思，调整了相关制度，如：限定加班时间，晚上 10 点以后加班要申报，加班后强制休假，设立首席健康官，定期发布员工健康报告，设立员工意外伤害保障，成立员工沟通部等。有一条执行比较到位，员工遇到意外，不管因私还是因公，公司要动用一切力量，先抢救，再算账。

2015 年，福布斯中文网杨林与任正非的花园谈话中，再次尖锐地提到了这个问题。

杨林：您这个行业接触了很多美国科技公司，比如雅虎、Google（谷歌）的员工很自由，有的可以在家里上班。雅虎新 CEO 说员工不能在家上班，还引起了很多内部反对。您觉得类似这种文化，跟我们中国艰苦奋斗的文化，哪个更好，哪个更会激励人才？

任总：咖啡厅里坐坐，快快乐乐，喝喝咖啡就把事情做成了，这也许可能不是大发明，多数是小发明。互联网上有很多小苹果、小桃子，这也是可能的。

我们在主航道进攻，这是代表人类社会在突破，厚积还不一定能薄发，舒舒服服的怎么可能突破，其艰难性可想而知。不眠的硅谷，不是也彰显美国人的奋斗精神吗？这个突破就像奥运会金牌。我们现在跟奥运会竞技没有什么区别。

在主航道，美国公司的很多企业领袖也是很辛苦的。真正成为大人物，付出的辛劳代价，美国人不比我们少。我和美国、欧洲公司的创始人在一起聊天，发现他们领导的文化也是艰苦的，真正想做将军的人，是要历经千辛万苦的。当然，美国多数人也有快乐度过平凡一生的权利。

这个回答跟任总在《你都没去过世界，哪来什么世界观》的意思一致："我们不能让惰怠在公司生长。一周只有四十小时用于工作，是产生不了科学家、艺术家的。"

面对这个绕不过的问题，2016年孟晚舟北大演讲如是说："大家把加班和进步这两个问题混淆了，不是因为加班你得到了晋升，而是因为你比别人付出了更多的时间、更多的努力，所以你进步了，所以你晋升了。任总曾经给我们讲过一个小故事，在马赛马拉的草原上，你只有比别的羚羊跑得更快，才有可能生存。时间对于每个人都是公平的，关键是看你怎么选择。"

自始至终，立场坚定！

"加班"，作为华为公司的根本——艰苦奋斗的一种表现形式，已经成为华为文化的一部分，三十年来推动着公司快速发展。即便到现在，操作层面出现各种各样的问题，这股洪流还是在不可遏制地沉淀出真正的奋斗者，他们愿意付出更多的时间和心血，追求进步和极致。

过去的三十年里，艰苦奋斗沉淀出了一批又一批真正的奋斗者，他们一穷二白，心怀大志，日复一日，年复一年，点亮华为大楼夜里的灯光，带动新的华为人开始他们艰苦卓绝的奋斗，成就了公司，也成就了个人。而想要"快乐度过平凡一生"的人，在期望锻造科学家、艺术家、大人物，想要突破奥运金牌的企业文化里，苦其心志、劳其筋骨的华为人，在某些阶段，连选择"快乐度过平凡一生"的权利都没有。

04 弹在膛上，一触即发

> 基层作战单元在授权范围内，有权力直接呼唤炮火（指在项目管理上依据 IBM 的顾问提供的条款、签约、价格三个授权文件，以毛利及现金流进行授权，在授权范围内直接指挥炮火，超越授权要按程序审批），当然炮火也是有成本的，谁呼唤了炮火，谁就要承担呼唤的责任和炮火的成本。后方变成系统支持力量，必须及时、有效地提供支持与服务，以及分析监控。公司机关不要轻言总部，机关不代表总部，更不代表公司，机关是后方，必须对前方支持与服务，不能颐指气使。
>
> ——任正非《让听得见炮声的人来决策》

加班搬砖的日子倒也平静，时有沉闷，时有涟漪。随着职业技能的长进，经验的丰富，自己能做主敢做主的事多了，需要耗费的时间少了，需要用的心多了。时不时会个朋友，偶尔安排个长假，甚至开始关注房价。不是生活欺骗了我，是我的无知误解了生活，它是面目多样的，是活的，还将不断变化。

这种短暂的平静被公司推出的一款即时通信软件而打破。能敲字，能发语音，还可以直接呼叫手机。更强大的功能是，可以随时随地发起多人电话会议，无需预约，也不会出现拥挤无法接入的情况。从此以后，常常会有这样的场景：

周末的东大街，马路牙子上蹲着个人，手持电话，可能一直一言不发，可能破口大骂，也可能扔下家人一转身拦辆出租车去公司了；

熙熙攘攘的餐馆里，一个人端着电话出去，等回来大家都吃完了；

居民楼下，夜深人静，有个人手持电话绕圈；

在家里，和孩子有一搭没一搭说话的爸爸，突然蹦出几句孩子听不懂的话（话筒静音模式取消）；

卫生间、阳台，被电话会议占位……

不一而足。24 小时待命。

网络革命的开始，也是全新生活模式的开始。在听不见炮火的地方，炮弹也没闲着。

顾淮：炮火轰鸣的地方

一天下午 3 点左右，主管突然来到我的办公位："有个紧急情况，需要你马上出趟差处理一下。"

就在刚才，国内某代表处给客户做一个汇报，有个问题澄清客户不满意。而那个问题，正好是我提供的技术文档。几天前我在电话里给代表处的同事讲解过。

我当即买了晚上 7 点的机票（已经来不及走公司流程了），住宿对方说他们来定，不用管。在公司申请便携机、权限，把需要的澄清材料从审批过的库里通过内网传入便携机。一路追着审批的主管，全部办完就一个小时过去了。

在去机场的路上，我让司机在家门口等了几分钟，去拿身份证。

结果飞机晚点，9点左右才起飞，正好打开电脑把工作的材料过一遍，客户的问题捋了几条思路出来。飞机落地，打车，按照办事处的交代，说"某某酒店"，司机都知道在哪。

到了一看，原来是一老牌五星级酒店啊！相当于你到上海了跟司机说去金茂大厦，没有人不知道的。

我对于公司的形象工程早有耳闻，世界各地的办事处都设在当地的地标性建筑里，比如马来西亚就在双子塔，上海是在金茂大厦。曾经一度上海的研发也在那里。老员工经常说起那段岁月：你看西装革履的都是搞金融的，民工打扮还扛着各种仪表出出进进、数量庞大的是华为人。有一次一个同事早上打车过来，司机问他，你们金茂大厦的门卫收入很高吗？这就是华为人，明明是心底的优越感，偏偏调侃自己。十年前，黄浦江边的某楼盘一平方米十万元，关键是每套还好几百平方米大，我们新人听着像是天方夜谭，老员工会说，就卖出去三套房子，两套都是华为人买的。其实谁都不知道，但是大家宁愿相信，给自己希望。

跟着电话里的指示，乘电梯到比较高的楼层，朴素的楼道，跟下面的富丽堂皇截然不同，继续按照指示进了一个房间。原来这层楼是办事处的办公室。

已经过了半夜12点，好多房间都亮着灯，我走进的房间更是围着一群人，正在为明天的澄清材料做最后的准备。大概是项目竞标的关键阶段，办事处已经不眠不休许久了。尽管投标很多时候有其他因素，但是技术上必须有亮点，要碾压一切对手。

打开电脑，开始给接口人讲解相关的技术方案，进一步明确客户的疑问，然后有针对性地写澄清材料。一遍又一遍修改，最后给一位大领导讲，她说通过了，我才离开。

办事处的同事送我出去时，时针指向3点半，沿路还有几个房间亮着灯。下了楼，拐进一个小胡同，赫然亮着"七天连锁"的光。"好好休息，明早7点半我在这里接你一起去给客户澄清。"说完，他旋即消失在夜色里了。

因为刚才大脑高速运转，我异常兴奋，躺在那个都是绿色的房间里，关了灯也还是睡不着。不知道什么时候迷糊过去，梦里还是那些场景配置，群魔乱舞地拨动着我的神经。

早上头痛欲裂，跟在昨晚送我过来的同事后面，梦游般地进了客户大楼。电梯里，已经挤上陆陆续续上班的人了。他昨晚是不是睡着了，多久没好好睡了？脸是浮肿的，带着深深的黑眼圈，依然满脸堆笑，跟电梯里的甲方们一一打招呼、搭讪。他们在对研发提需求催进度的时候是大爷，这会儿呢？我阴暗的心理有点平衡了。

因为我们不是正常范围内的汇报，也没有预约，要去堵人，得赶在人家还没正式上班的时候切入。到了门口，敲门，没有人应，我们俩就一人拎台电脑守着，半个小时、一个小时、两个小时，慢慢煎熬，其间同事又跑去其他办公室打听，总算有人说，客户在外面开会，就快回来了。一直到10点多，终于见到了我们的上帝，直接跟进办公室，说清事由就打开电脑开始汇报。

客户听完，不置可否。

我们回到办事处，等着领导沟通获取准信。

我看着那些忙碌着的一线人员，想到一句话：战略上藐视敌人，战术上重视敌人。虽然那个时候的华为，足以傲视群雄，但是完全没有放松对自身的要求，一个细节都不放过，一个机会都不错失。所以才会有那句江湖传言吧，只有华为不做的，没有华为做不成的。

倪云：炮弹出膛

有一天上午，主管找到我："你有护照吗？"

"有。"

"马上办理去 F 国的签证。我现在让秘书把个人办理旅游签的流程发给你，接口人会给你提供相关信息。马上启动，用最快的速度办好，那边出现了大规模的网上问题，现场快 hold（控制）不住了。"

我依照流程，在一个小时内准备好所有的材料就直奔 F 国大使馆，递交了材料。

使馆人员问我："你去做什么？"

"旅游。"我说。

"为什么最近每天都有你们华为的人去 F 国旅游？"她直勾勾地盯着我，一脸质疑。

"可能最近很多人休假吧。"

"这个我不能给你签。"她很坚定。

我一时六神无主，胡乱蹦出一个理由："不行啊，我的朋友过两天就举行婚礼了，我不能错过。"

"婚礼有请帖吗？给我看看。"

"有，电子版的。"

"发到这个邮箱。"她递给我一张名片。

我就像抓着了一根救命稻草，赶紧给 F 国的接口人打电话。她前一阵子刚好拍过婚纱照，就把它制作成了婚礼请帖发过去。婚礼地点：F 国的首都。

工作人员淡淡地对我扔了一句："一天后来取。"

回公司，启动电子流，订机票，申请便携机。然后我才找到主管，了解工作的事情，准备仪器设备，上传相关资料。

之前也经常给一线投递炮弹，是各种各样的技术文档和数不清的电话，这回直接把自己扔出去了。华为做大了，部门墙已经厚到需要炮轰才能炸开，但是面对一线的呼唤，炮弹总是能第一时间发出去。面对产粮，毫不含糊。

拿到签证的当天，我就落地事故现场了。

秦川：弹无虚发

参加过一次运营商组织的比拼测试，就是把各个设备厂商的产品集中在他们实验室，统一测试，根据结果打技术分，作为集采份额分配的参考之一，差不多每年搞一次。

那年的集采设备是我负责开发的，就亲临了一次现场。

那可真是个没有硝烟的战场啊！每个厂商分配一个实验室，发通行证限制人数、保持秩序，运营商的人往来巡逻。令我印象深刻的是，只有我们华为的人特别多，通行证有限，要分批进，而且只有我们每天早出晚归。到了夜里，经常是整个大楼就剩下我们，孤魂野鬼一样。有一次临出门还无聊地溜进别人家的实验室探查"敌情"，可惜设备都下着电呢。

我们为什么需要那么多时间？

布线、搭环境、调试当然不在话下，测试部的同事都是很给力的。基本操作完了，我们要把第二天现场测试的案例全部演练一遍，如果出了差错，排查是环境问题还是模块问题，或者是操作问题，一个一个解决，完了再演练，直到一次性完美通过。

这还没完。回到酒店，我们聚集在队长的房间，讨论当天出现的问题以及解决方案，包括跟产品开发相关的，队长连夜出日报发送所有相关领域责任人及主管。

一般睡觉就夜里2点左右了。

其他友商呢，朝九晚五居多。比拼现场出点临时状况，神态自若地当场调整重测，真让人羡慕。

明明国内运营商集采，多年的比拼测试华为都是第一啊。

吃饭的时候我们几个也不免互问：为什么我们心里笃定第一，也做了充分的准备，但还是不能泰然自若？

这个说："身上的责任吧，前任都那么好，不能到我们这出岔子。"

那个说："我们老换人呗。你看××公司，就两个人，我听市场部的人说，那个瘦瘦的穿蓝衣服的，都连续参加五年了，他就像根定海神针。如果我明年再参加，肯定会淡定多了。"

队长说："可能是当领头羊的压力所在吧。"紧接着又补了一句，"还是我们本身不自信？"

这种感觉特别像我小时候考试，答完以后，一遍又一遍检查，直到交卷铃声响起。虽然历次的经验告诉我，后面的检查都没有做过任何更改，但我依然如故。深层次的原因有两个：一个是不自信，曾经唯一的一次提前交卷，错了一道题，老师说'你太浮躁'了，像烙铁烙过一样留在了心里；另一个，实现成本收益最大化，反正这个时间也不能做其他更有意义的事，逮着一分是一分。

竞技运动前几名的对手实力往往差不多，不是看谁发挥得好，而是看谁失误得少。我们表面上做到了业界第一，可是功道上并没有绝对优势，尤其是具体到个人。竞技场上所能做的，就是把所有可能的失误都排除掉。流淌在我们血液里的，是"战战兢兢，如履薄冰"的危机意识。

康乐心：出差制度规定为只能乘坐非核心工作时间（核心工作时
　　　　间：9：00 ~ 17：30）的飞机后，常常因为飞机晚点，
　　　　一个人三更半夜在出租车上。身为女生，难免提心吊胆。

胡琼花：为了减少出差费用，华为财务人员也是尽责到用异地研发
　　　　的概念来替换出差，真可谓用心良苦。

心　声：做用户服务的时候，我们是 7×24 小时服务制，需要有两
　　　　部手机分属于两个运营商，能确保电话随时畅通，秘书还
　　　　不定时抽查手机接通情况，不接电话一次扣 100 元，搞得
　　　　洗澡都要把手机拿进浴室。我到现在还留下点后遗症，听
　　　　到电话响就会紧张。

05 我一掉链子，公司就垮了

> 破釜沉舟，把危机意识和压力传递到每一个员工。通过无依赖的市场压力传递，使内部机制永远处于激活状态。
>
> ——任正非《华为的红旗到底能打多久》

每个在华为工作过的人，在回忆起当时的工作劲头时，脸上总会闪出光彩，激昂的？骄傲的？还是无限怀念的……总之，有一股子少年意气在。我在心里想，时光啊，你慢点走吧，这些少年的眼里有光。我又想，时光啊，你把那段快进吧，这光太透亮太单纯，经不起岁月的摧残。

我们不约而同地谈到了一件事：一位同事在伊拉克遭遇抢劫，钱财被洗劫一空，人又被枪托撞击流血，这个时候他不是乖乖地束手就擒以自保，而是语言不通地胡乱比画，想要回他的护照。因为他正要去接该国通信部部长回中国参展，就是当天的飞机。

这就是华为人在工作中对自己的定位：

"我很重要。这件事很重要。我是唯一的责任人，要对它全权负责，负责到底！"

这倒不是华为人有多么无私多么敬业，是这种文化没有给你其他的示范。

范一凡：悬崖上行军

当时在欧洲，友商的网络出了问题，他们告到国家无线委员会，说是华为的网络干扰的，两家公司打起官司来。友商在该国很强势，华为在他们眼里就是入侵者，抓着个把柄恨不得把你赶出他们的地盘。压力从一线传递回来，最后制定了解决方案，可能也是当时唯一的解决方案，给网络增加一款特殊的器件。我负责的东西跟它类似，于是顺理成章成了第一责任人。

器件的规格制作好以后，我发给多家供应商加工，国内的被我们盯着，很快发过来样品，但是因为都还在理论研究阶段，指标无一达标。一线天天给我们递话，说是该国无线委员会的老大要直接杀过来了。你也知道，国外的厂家一般是按照自己的节奏来的，你怎么催用处不大。好不容易寄过来样品，新鲜玩意啊，软件硬件一堆问题，我每天在那调节、测试，跟供应商沟通优化方案，再把当天的进展汇报给一线。最后那个月，生不如死。因为时差关系，一线每天凌晨 5 点电话就过来了，我本来就愁得睡不着，总是睡一小时醒一小时的状态，这电话一接，心里那个愁啊，挂了电话也睡不着。那个时候人单纯，就觉得这个项目因为我失败，公司就要垮了一样。

更何况，还有一堆的老大在后面盯着你，人家都认定了，理论上是可行的，那就必须行，谁管你实现过程中的细节和材质工艺造成的误差。

我就一天一天地熬啊，最后卡着指标通过测试，危机解除。

很早看过一篇文章，说人在极度亢奋的时候，身体会自发透支一些器官的养料来维持体能，所以反而很有精神，一旦放松下来，身体就会释放信号求救了。果然，项目一结束我就倒下了。

一个鸽子蛋大的瘤子突然之间就从身体里长出来了，头发也开始白了，吓得我提心吊胆的。那种感觉特别难受，好像在悬崖上行军，随时都会掉下去，还没人捞。我以前不相信什么一夜白头，那次以后我真的相信了。

蔡韬：搞不定就走人

我刚工作的时候，求知欲特别强，积极性很大，第一年末，还没啥经验的时候，就牵头带一个小项目，体量不大，也就三四个人，不少还是新人，项目折腾了好久，总算做出来东西发货，结果软件出了问题，被领导的领导的领导（之所以这样表述，是因为我临走都不知道他的名字和级别，只看到我的领导、我的领导的领导在他面前都不敢辩解）叫过去问话。

"能解决吗？"

我看看他，心里没底，不敢吭声。

他又问："能解决吗？"

这时被逼急了，我硬着头皮说："能！"

他追问："不能怎么办？"

"是不是要辞职？"我反问。

他说："对！"

之后就是在华为的唯一一次通宵加班。第二天新版本搞好，还不敢走，在公司坚守，监测现场升级情况，最后到第二天夜里 5 点扫清所有障碍，几乎 48 小时没合眼。后面补了两天觉才缓过劲来。

后来我在另一家 500 强企业做部门经理，遇到此类问题都是我亲自上啊。如果问题层级更高，就像去年春节期间，规模较大的网上问题，公司的研发 VP（副总裁）自己带了一个本地员工，九天没休息扛着，没有找其他人加班。在华为都是小兵被推到前面，很无辜啊，事可都是领导集体决策的。所以说，在外企做小兵压力要小些。但是同样地，在华为，你得到的锻炼也多，项目经验、抗压能力、时间管理……一年顶三年是要付出代价的。

胡琼花：炮灰

尽管华为的工作真的剥夺了很多生活，我依然在每天的早出晚归中感到快乐。

这种快乐持续到什么时候开始有点改变呢？

大概是遇到这样的事情：

我们研究所是新生团队。因为新，领导班子对我们没有信心，重要的项目都不敢给我们自主开发。到公司的头一年，我们都是在外地研发团队中进行锻炼的。

后来终于获得自主开发的项目，研究所从上到下，严阵以待，极其重视。团队的所有成员也是激情高涨，干得热火朝天，谁都知道，这个项目不仅能出成绩，更能让自己快速成长为骨干。那段时间，很多同事完全出于自觉，没日没夜地耗在实验室调试和定位问题，毫无半句怨言。然而，对于我们这群新兵蛋子来说，即使有满腔热情，没有经验难免会出错。

出错了就要有人承担责任啊，出错了就不可饶恕啊。结果一些干活认真却没有丝毫心机的同事，在质量回溯大会上，在一些人的引导下把自己所有的可有可无的错误都"晒"出来，然后成了众矢之的，成了炮灰。理所当然地，个人考评很差，所有辛苦和努力白费。我这个留了心眼的人，躲过一劫。并且毫不夸张地说，我因为没受到此次事件的牵连，能力在整个团队中获得了肯定，不仅树立了口碑，还获得了很好的经济收益。

但是我很伤心，心疼那些被推出去当挡箭牌的同事。团队难道不是用来团结，而是用来出卖的吗？做人老实就要被群殴吗？团队领导不是应该承担更多吗？

怎么说呢，每个人的办事方式有人讨厌也有人喜欢。那我不喜欢就得想办法改变现状吧。所以，和团队中部分同事那样，我出走了。不同的是，他们去了其他公司，我仍然留在华为，换了个团队。这还是得益于我的"心机"，在前一个团队口碑好，就很容易找到接收的下家。

杨　树：那个时候整天睡不着觉，躺在床上也要把第二天的工作在脑子里过一遍。早上醒来，就会想到昨天还有一堆事情没有处理完，今天还可能有哪些事情，有些暂时没有进展的项目今天会不会突然又有新任务，等等，心里就会比较焦虑。这种情绪从早上打开电脑，一直持续到晚上下班。

倪　云：一件事，电话会议，呼这个，这个又让呼那个，那个又让呼另一个，没完没了，谁都不愿意担责。所以会多，会议纪要就是共同责任的担保书。

心　声：做了一年面对一线的交付经理,能够时时感受到来自一线
的一波一波压力,骂人的、恐吓的、拉产品线总裁的,什
么都有。一个小产品经理完全可以把产品线所有领导呼一
遍,觉得不合理,但是又合理,因为产品经理的每个项
目,都会面临生与死的决策,人被逼到那个份上了,啥都
会做。

06 豪华流水线上的螺丝钉

> 我说过有三个摆脱——摆脱对技术的依赖、摆脱对
> 人才的依赖、摆脱对资金的依赖。完成了这三个摆脱，
> 我们就从必然王国走向了自由王国。
>
> ——任正非《在管理工程事业部工作汇报会上的讲话》

意大利经济学家帕累托有一个效率原则：一个社会的富有必须以其成员放弃常识，转而去培养在狭窄领域里的个人能力为代价。

这个"狭窄领域里的个人能力"说的就是细化的职业分工。从人道主义来讲，这是有违人性的。人喜欢简单，但是不习惯单调。但是，它符合工业社会的发展。所以"流程"这个东西就应运而生了，它作为载体实现了细化分工下的规模运作。

就像尤瓦尔·赫拉利在《人类简史》中所说："历史的演进并不在乎生物个体是否幸福。"

1998 年，华为的销售额近百亿元，任总考察了很多榜样公司，着手把华为从"游击队"向"正规军"转型，其中最重要的就是花重金引入了 IBM 的 IPD 系统。以客户需求作为产品开发的起点，组织跨职能团队承接任务，通过市场规划、产品开发和技术开发三大流程满足客户需求，提供真正的"端到端"服务。快捷、有效、低成本。它的厉害之处在于，把任何人放在其中的某一环节，事情都能顺畅运转，更厉害的

地方是，它看不见摸不着，却处处限制约束着行事之人的思维和做事方式。

"从必然王国，走向自由王国"，迈出了开拓性的一步，至少完成了三个摆脱中的一个，"对人才的依赖"。

产品的每一个阶段，IPD 都有明确的 DCP（决策检查点），需要相关领域的几十位代表一起评审，每个领域评审的 checklist 是流程中自带的，以此为据，再根据评审结果决定是否可以开始下一个环节。从此，不会因为某一个人不称职而惹出祸端，也不会因为缺了某一个人而运转不下去。人不会成为瓶颈。

山河岁月，欣欣向荣。

若干年后，一位专门负责对 IPD 系统里的编码进行分类和维护的员工出来叫了，我怎么只会这么一种技能了，好像离开华为没有别的公司需要啊！又有专事散热仿真的员工出来叫了，我只会用华为的工具对这些特定的模型做仿真啊！以前说隔行如隔山，现在是同行不同工也如隔山，习惯了在大公司里各司其职的员工，似乎都意识到了某种危机。

张彻：工匠 OR 螺丝钉

公司做到这么大的规模，出错的代价很高。必须把岗位划分细小且清晰，才能推动大批人高效协作，做到人人可替代，事事能溯源。

连房产中介都用了这一招：专人专职。我几个月前去交易中心办手续，发现他们专门在那放了个人，排队领号、检查材料、递交窗口，得空跟窗口里面的人闲扯，攀个交情。他天天泡在那，熟门熟路，效率非常高。我接到他的电话才赶过去，十来分钟就全部搞定。我的用户体验很好，只是那位小伙子就不好说了，整天待在嘈嘈嘈的大厅，不知道什么感觉。

现在社会上类似这样的职业很多，我们不得不承认，效率的背后往往是精明冷酷。

但是因为付钱了，还是会有人干。如果给的钱够多，应付了基本生活还够娱乐放松，想干的人更多。以钱做媒质，用一种不喜欢的生活置换另一种喜欢的生活。

相对而言，我们这个流水线复杂多了。复杂就意味着更多的可能性。

如果你在自己的岗位上，把所有原理都理解透彻，信手拈来，能举一反三，属于工匠；

如果只理解了皮毛，所有技能停留在操作执行层面上，操作执行、操作执行……精深上并无所长，那就是螺丝钉了。

大部分人觉得自己只是颗螺丝钉的原因在于：在这样规范的流程下，确实只要达到螺丝钉的标准就能够暂时胜任了。人都是有惰性的，本着"60分万岁"的原则，很容易就掉进螺丝钉的坑里了。不能把责任全推给流程。

我刚进公司的时候，坐在我旁边的一个老员工，办公桌上下都是书，塞得满满的，以专业书为主，也不乏历史哲学类，我看他成天就在那看书，然后给我们解答解答问题。当然，我们也是看他比较闲才去问的。我还在心里想，公司怎么会花钱雇个人专门看书啊！后来越来越熟，发现他除了我们领域，对整个系统都很了解。一两年后，他被委任牵头做新一代产品，一炮而红。做新产品忙吗？当然很忙，但是他一直保持学习的节奏。有一次，我去请教他怎么跟踪新技术，他打开自己的电脑网页收藏夹，让我大开眼界：各种各样的国际组织、学术机构、论坛、国际刊物……分门别类。他说，每天在上面瞄一眼已经成了习惯，这些都是在寻找某一个答案的过程中，抽丝剥茧扒拉出来的。

他可以为了搞清楚一个技术点而通宵达旦，那个技术点并不是明天就要落地；

他会写自己一年的工作总结至深夜，那份总结里没有项目信息，没有亮点和表决心，就是自己真实的心路历程。直接把主管看哭。

他工作前三年的绩效都不是很好。只是时不时会在项目里发挥别人不可取代的作用。

他还不怎么会说话，语出全凭性情。

他看着木讷又单纯，执着于探索事件表象背后的规律。一个问题，别人给出答案可能就一个小时，知其然而不知其所以然。他花一天甚至更长时间，同时构建这个答案背后完整的知识体系，而这些知识在那一刻，还没有用于产品的迹象。几年以后，他的职场生涯像"开了挂"，处处张灯结彩。

后来我观察过部门几位公认的"工匠"，他们有一个共同点，就是优缺点一目了然，性格率真，不从众不在乎一时的成绩。

但凡正常的主管，心里肯定清楚，团队里干什么活的人都应该有，而他，也会从每个人的行为来推断，你想要往哪个方向发展。你执行得越好越快，特别乐意干某一类事情，主管就会越把这类事情分派给你，短期来看，绩效不会差。

所以，成为匠人还是螺丝钉，归根结底，是个人和组织双向的选择。组织强势一些，人的选择就弱；反之亦然。

杨树：感觉不对了就挪一挪

我肯定不是匠人了。

刚进华为，我是做研发的，负责单板上的一小部分功能。专业对口，我也是心无旁骛地干，一年多以后，被派去海外开局。这接触的面就比较宽了，人也杂了。我发现我很擅长也很喜欢那种工作状态：跟人打交道，处理现场关系，解决一个具体的问题就很有成就感。

回来以后，又是程式化的生活，每天上班打卡，饭后散个步，加班，赶班车，9点多回家。日复一日，不出窠臼。每天的活动范围都一样，跟外界全然无关，感觉不到是生活在上海。所以我决定转岗。

那几年公司在猛烈扩张，冒出一些新的部门来，转岗比较容易。如愿来到重大项目交付部，外部需求、内部问题对接、资源整合、组织现场比拼测试、局点保障，任务都很明确，每年差不多四个月在海外。

身处一线，接触的人又多又杂，整个世界也开阔起来，知道我们的产品客户怎么用，看到产品的商业全貌。在现场东聊西聊，感受当地文化。不好意思地说，我出去之前，都不知道华为还有其他产品线，在外边，大家都一起办公，认知面更宽了。

这种状态持续了两年，可以说执行起来越来越轻松，这个时候我就有点心虚了，轻松就意味着挑战小了，没有进步了。所以又找机会转岗了，做了一年研发项目经理，把产品开发的全流程走了一遍。这些经历，都对我后面转行有所帮助。

你要说我对自己的职业生涯有所规划，倒也未必。性格使然吧，我不会压抑自己的情绪，感觉不对了就调整，在有限的范围内微调。华为这个大平台给了我机会。

这个过程中，我也时不时质疑，自己是否太浮躁了？尤其是看到任总两次签发转载文章《日本工匠精神：一生专注做一事》：

冈野信雄，日本神户的小工匠，三十多年来只做一件事：旧书修复。在别人看来，这件事实在枯燥无味，而冈野信雄乐此不疲，最后做出了奇迹：任何污损严重、破烂不堪的旧书，只要经过他的手即光复如新，就像施了魔法。

在日本，类似冈野信雄这样的工匠灿若繁星，竹艺、金属网编、蓝染、铁器等，许多行业都存在一批对自己的工作有着近乎神经质般追求的匠人。他们对自己的出品几近苛刻，对自己的手艺充满骄傲甚至自负，对自己的工作从无厌倦并永远追求尽善尽美。如果任凭质量不好的产品流通到市面上，这些日本工匠（多称"职人"）会将之看成是一种耻辱，与收获多少金钱无关。这正是当今应当推崇的工匠精神。

所谓"工匠精神"，其核心是：不仅仅是把工作当作赚钱的工具，而且是树立一种对工作执着，对所做的事情和生产的产品精益求精、精雕细琢的精神。

…………

令人动容！

你说在华为，每个人每天都像打仗一样，个人要怎么在一件小事上精雕细琢呢？当时还有另一件事情困扰着我，田工45岁退休了。他可是我心目中的"匠人"啊，在公司近二十年，专注于一个领域，做事严谨务实，技术精湛，为人谦逊有礼。他深受项目经理的喜欢，没有架子，配合度好。可是私下里，很多年轻人说他是loser（失败者），这么大年纪未有一官半职，又不是这个领域最牛的那个。对，他近几年确实没有突破性的成果，但是人也是分天赋的啊，很多事不是不想，而是不能。冈野信雄就一个。

我当时就总结了成为工匠至少得具备的三个要素：第一，个人方面，要耐得住寂寞，能沉得下心来；第二，做的事情是自己喜欢的，还有点天赋；第三，大环境不浮躁，给人安全感，想想为什么工匠精神多出现在日本、德国呢。

这么一想，我就释然了，人尽其才，物尽其用嘛，重要的是不要固步不前，一边应付差事一边骂公司，抱怨社会。

我这人耐不住寂寞，又不能勉强自己，注定成不了匠人。好在不停地折腾，戏路宽了。

汪子涓：任何没有壁垒的岗位，都是坑。

胡琼花：华为在流程方面花了大力气大价钱，理顺了庞大的研发团队互相配合协同这个事情，各个环节严丝合缝，职责分工明确，不得不说其效率还是非常明显的。以前不觉得，跟现在的公司一对比，像职责不明、部门壁垒都是项目的绊脚石。对于习惯了按华为流程来做事的我来说，刚开始确实很不习惯。

顾　淮：华为文化，不相信人，相信制度。

心　声：在华为三年后，工作真的变成了工作。我常常想不起来昨天都做了些什么，只是模糊记得接了几个电话，帮助客户解决了几个问题，接入了几个莫名其妙的会议，回复了几个邮件。就这样一周过去了，一个月过去了，一年也过去了……

07　蓬生麻中，不扶自直

自律永远是管理的低成本，各级干部应把践行八条作为终生的座右铭，使我们的流程管理更加简洁、及时、准确。"促进自律，完善他律"形成一个良好的内部场。道德遵从委员会每个人都要带头遵守干部八条，以点带面，让大大小小的"火车头"带领二十多万员工的"火车"跑起来，让公司充满活力和竞争力。

我们敢于接受群众监督，形成他律。自律与他律相结合，形成的组织氛围必然是正向、积极的，也提供了流程不完备时的"自愈"机制。

——任正非《自律永远是最低成本的管理》

前阵子，跟一帮华为前同事吃饭，席上大部分人去了不同的友商，这个经理那个首席的，混得都不错。另有两位华为在职老员工。你会发现，一谈到买房子、小孩上学之类的事，华为的同事知无不言，言无不尽，有说不完的见解。但是一提到技术、产品，就自己坐在那小酌起来，不搭理我们，其实也就是正常的行业交流。当大家目光灼灼地看着他，想听高见的时候，他缓缓开口了："这个你们又不是不知道，华为信息安全的条款比较多，什么不能说，谁不能见，我哪能记得清楚，线也划不了那么清晰，灰度不好把握，干脆我什么都不说。"

蔡韬调侃："我们到供应商那去，发现我们的实验室在华为实验室的外面，他们可以随便看我们的产品，我们看不到他们的。"

大家一哄而笑：只能你偷别人的，不能别人偷你的。

这是孤独领头羊的警惕吗？就像最近一次的上海通信展，没有邀请已经不能进入华为展区了。

倪云：手铐、囚服和警察

很平常的一个下午，整个公司像往常一样，开会的开会，讨论问题的讨论问题，人人都在忙着手头的活。忽然涌进来一群警察，押着一个穿囚服戴手铐的人，出了电梯，穿过长长的走廊，进了某攻关项目的实验室。

手铐、囚服、警察……碰触过的目光灼热而好奇。这些对于自诩为良民或曰顺民的我们来说，似乎遥不可及。可是那低着头的人，明明就是前不久离职的同事。

这么近，那么远。

我正在主持一个会议，通过敞开的门，我和与会的同事目睹了这一幕，会议继续。

接下来的一个星期，大家都在讨论这件事情：资料是怎么从公司的电脑里转移走的，公司的信息安全部门又是如何监督到的，单板以何理由带出又如何销账的……完全就是谍战片的节奏啊，当然更多的，是对公司信息安全部门反间谍水平的惊呼。最后大家一致认为，布满办公室的摄像头肯定帮到忙了，我们的电脑显示器估计是特制的，你对着它拍照会被感应到。天知道，已经被锁起来的机箱、全部被封闭的数据口、不能连接外部的网络，要转移点资料是多么困难。

没几天，面向全公司的通告就出来了：某某人违反信息安全规定，给公司带来巨大经济损失被刑拘，大家引以为戒。

紧接着，研究所上上下下组织学习此案例，从部长级别落实到每个基层员工。

然后冷不丁的，项目组里干得好好的同事突然交接工作给一个新人，自己换到一个完全不相关的领域，继而离开了公司，一个接着一个……短短几个月，跟这起案子有牵连的同事都静悄悄地退场了。

焱公子：人性本恶论

华为做得最成功的一点，是有关人性的琢磨，尤其是中国人的人性。从根上来讲，公司认定人性本恶，只要不加约束，必然滋生腐败，甚至引发更大的祸事。华为高层一再强调："高薪不能养廉，要靠制度养廉""能打败华为的只有华为自己，只有腐败才能击败华为"。

为了最大化地防范，公司主要做了以下几个关键动作：

其一，管理层流动。

从管理层设置上看，任何主管以上的岗位都必须流动轮岗，在同一地方的任职周期最长不得超过三年。既防止植根太深，也杜绝在某个地方安居乐业后阻碍纯粹的奋斗者之路。

其二，设置严密苛刻的内控流程。

何谓内控，就是从公司内部的信息安全、资产安全、财务信息以及内部流程各个维度对每个人进行定期筛查，看你是否合规，尤其是对所谓的高危岗位（比如直接接触项目的项目经理、销售经理、采购人员等）筛查更严，还会组织参观监狱。

代表处定期会组织人员自检，总部也会定期下派稽查队驻点审查，据说稽查队每次来都背着总部的任务，必须查出多少比例有问题的。所以你懂的，不是让别人去查你有啥问题，而是假定你就是有问题的，再来证明你没问题。

当时公司流传着一句话：被外部客户投诉，最多降职降薪，若是内控被查出问题，哼哼，大罗神仙都阻止不了你被干掉的命运。

其三，学习、宣誓、签字画押。

我离职的时候大概统计了一下，在华为一年半时间，参加在线反腐、违规之类的学习十三次；必须现场参加并宣誓、签字画押的五六次；学习心得写了将近二十份。

想象一下那种感觉，在一个偌大的会议室里，可以容纳百人那种，几个领导站在前面沉痛地说着某些不自爱同事的故事，然后要求全体起来默哀，庄严地举起右手，一起宣读公司的处置决议（人手一张），并共同承诺绝对引以为戒，永不触犯雷区。最后每个人郑重地签上自己的大名，有的还得摁手印。

每当那种时候，我就觉得内心可纯粹可纯粹了，像是回到了预备加入少先队前的孩提时光。

其四，大字报。

不知道大家对前段时间网上的某热点事件还有没有一丢丢印象，说的是华为某代表处因为客户经理陪客户吃饭，假喝酒引发客户不满，公司内部特别发文通报。

在华为，每天要是收不到几封这种通报批评、通报表扬的邮件，那才是奇了怪了呢。

通常，通报表扬为红字头，描述的事件我们也称"红事件"。通报批评为黑字头，描述的事件称"黑事件"。特别优秀或严重的事件不只全员发邮件，有的专门打印出来，贴在公司必经通道上，供大家往来瞻仰。

"红黑事件"，关系着每个人的晋升和考评，简单点说就是与钱挂钩。

作为一家匪气十足又深谙人性的公司，华为坚信直接的金钱刺激以及毫不留情的登报宣传，将使适合者更好地为公司肝脑涂地，不适合者趁早卷铺盖滚蛋。

上回还看过一个倒霉蛋，明明没在现场却谎称在，结果恰好被上级撞破，被通报；

还有一个是在朋友圈还是什么地方编排领导被人举报，被通报；

有人因为用公司打印机打印整本小说，被通报；

甲代替乙下班刷工卡，两人同时被通报；

…………

外企一般是人性本善论。因为它的生存环境很宽松，都是先相信你。华为一直如履薄冰，是先假设你不行，然后制定规则，让你行，最后你就行了。《荀子·劝学》曰："蓬生麻中，不扶自直，白沙在涅，与之俱黑。"华为的制度和文化就如同"麻"，任你蓬草野蛮生长却没有邪性发挥的空间，而对于已生的旁枝，零容忍。从结果来看，华为的效率要高很多。

但是环境在变，人也在变，最近出台的《华为公司人力资源管理纲要2.0》讨论稿第一条：管理体系要从过去的不信任，转向信任。拭目以待。

顾　淮：我去北京华为出差，因为飞机晚点，我们到的时候已经是
　　　　饭点了，没有找到主管，一个毕业于清华的小男生给我们
　　　　讲了一个胶片，那是我在华为听过的最专业的讲解。他也
　　　　没有吃饭，我们就把带过去的三明治和水给他，他坚决不
　　　　吃，怎么说都不行，还把华为的红线拿出来给我们看。

汪子涓：我们数次跟华为 PK 的经历，你用销售的策略来诱导华为
　　　　人，没用的。比如，我觉得这两个人有点不太合啊，有不
　　　　同意见，就从一个突破。最后快快地发现，人家就只考虑
　　　　公司利益，你的策略一旦对公司利益产生影响，他们就会
　　　　团结起来对付你，从来没有内部分裂过。大概华为在选择
　　　　干部和骨干的时候，保持了绝对的纯洁性，是跟华为文化
　　　　高度匹配的。

向　阳：对比我待过的不同企业，华为最大的特点是"强烈的文化
　　　　烙印"，它太强大太一致了，那种一股绳、一口气，甚至
　　　　一种面目的气场，在别的公司很少见。这种特点来自公司
　　　　内部的报纸、发文、社区多年来的潜移默化，更来自老板
　　　　一以贯之的精神内核。

马莹莹：作为研发，早年经历过每天出办公楼接受门卫查包的尴
　　　　尬。

08 狼族军团

我们把目标瞄准世界上最强的竞争对手，不断靠拢并超越他，才能生存下去。因此，公司的研发、市场体系必须建立一个适应"狼"生存发展的组织和机制，吸引、培养大量具有强烈求胜欲的进攻型、扩张型干部，激励他们像狼一样嗅觉敏锐，团结作战，不顾一切地捕捉机会，扩张市场。同时培养一批善统筹、会建立综合管理平台的狈，以支持狼的进攻，形成狼狈之势。狈在进攻时与狼是一体的。只是这时狈用前腿抱住狼的腰，用后腿蹲地，推狼前进。但这种组织建设模式，不适合其他部门。

——任正非《建立一个适应企业生存发展的组织和机制》

做网优（无线网络优化）的朋友给我讲了件事：

有一个地方网络覆盖不好，需要建站解决，但那个地方的物业根本谈不下来。常规来看，作为网优提供方，咱提完解决方案或者以其他替代方案暂时缓解，这事就算基本闭环了，毕竟从界面来看，协调物业无论如何都是运营商的事。在外企的时候，我们的工作到此为止。等来了华为，天哪！如果这个 case（案子）足够重要，你运营商不是解决不了物业吗，那我华为上，网优工程师不行，项目经理上，客户经理等各级领导一并上，24 小时蹲守，没有理由，没有解释，不要跟我谈界面、谈困难，只接受必须搞定物业把站建起来这唯一的结果，否则所有相关人员年度绩效不高于 C。

这跟流传于华为公司的"降落伞"故事有某种程度的契合：二战中期，美国空军降落伞的合格率只能达到 99%（这已是供应商认为当时质量的极限），这就意味着每一百位跳伞的士兵中会有一个伞兵因为降落伞无法打开而牺牲。军方要求，厂家必须让合格率达到 100% 才行。厂家负责人说，我们竭尽全力了，99% 已是极限，除非出现奇迹。为此军方提出改变降落伞品质验收的方法：每次交货前从降落伞中随机挑出几个，让厂家负责人亲自跳伞检测。从此，奇迹出现了，降落伞的合格率达到了 100%。

"在我这个保守派看来，完全不可能实现的事情，最后会被拍板下来，然后奇迹般地实现。"好几位受访者都向我表示了这样的直观感受。

如果横向比较，画风是这样的：

运营商对某款产品的一个规格提升了要求，理由当然是提升网络质量。这个规格从理论上也能做到，但是演算到网络的性能提升上，效果微乎其微。而对于设备商来说，就要在材质工艺等方面增加要求，否则会大大降低一次性通过率。那么各个设备商是怎么反应的呢？

友商 A：这个做不到，你一定要求，我们也会配合去实现，但是结果不保证；

友商 B：做不到（曾经有个 VP 被干掉，就是因为过度承诺客户）；

华为：一堆人出一堆胶片深度说明这个指标和网络性能的关联度，

投入和收益比较，试图说服客户放弃。还是不能引导的话，就提升产品规格，并传递到下游供应商，该往上走的都往上走。但是，成本不能增加。

如果你是运营商，愿意与谁同行？

顾淮：boss 们的盛宴

此生第一次坐豪车，是跟着 boss（老板）去坂田 a 区开会。会议阵容豪华，都是各条线上的一把手。偌大的会议室，中间一圈会议桌，boss 们内围，我们外围，担任助理加会议记录。一进门，余承东就开我们 boss 的玩笑："还开着你那辆拉风车到处招摇啊！"

确实够拉风，十几年前一百多万元的车，就是一幢移动的豪宅啊！

在车上，boss 跟我讲起他早年做市场的经历：为了拿下某个客户，人家不见，就软磨硬泡让人家的邻居搬走，自己租住过来。天天见机行事，小孩没人接送了赶紧去接送，老人要去医院了，手把手办理，比亲儿子还亲。扛个煤气罐了，买个菜了……半年以后，客户于心不忍，终于可以坐下来谈了。"只要愿意谈，就有机会。"这句话他重复了几遍。后来在东北打市场，都是在酒桌上表现啊，天天洗胃的节奏。

这移动的豪宅来之不易。

坐定了，余承东正好在我们对面，他看着我们 boss："你就第一个来说吧，已经给你一年时间了，产品还没起色，打算怎么搞？说服了，再给你一年时间。说不服，马上换人。"这边哪甘示弱，"什么叫没有起色？我这要什么没什么……"我们 boss 一下子站起来辩驳，双方你来我往，言语激烈处，一副要打架的阵势。幸亏桌子太宽够不着啊。

各条线上的战略大事继续。

从早上开始就没歇着，一点钟，秘书送来了外卖盒饭，大家摊开边吃边讨论。持续到天黑，各自散去。

我来到旁边的研发大楼办公区，找了台空闲的电脑，整理跟自己业务领域相关的会议内容。因为并没有明确的结论，不好写，只能把各方的意见分主题都写下来，字斟句酌，很晚的时候发给 boss 审核。心里有种隐隐的不安。

果然风云突变，没几天我们部门就换了新掌门。

焱公子：强烈的目标导向

目标导向几乎是所有企业的核心理念，但在华为，必须在前面再加上"强烈"二字，别的企业估计不会像华为践行得这么彻底。

拿考评来说，每家公司都有。但是，考评的比例，对薪资的差别有多大呢？我在外企待过多年，非常清楚，薪水影响不大，奖金也就是在相同基数上 8% ~ 12% 的浮动。说白了，有点大锅饭的味道。

但是华为呢？相同级别的员工，不同的考评等级，奖金是数倍的差距，可能你十万元，他二十万元，次的几万元，最差的淘汰。考评决定了一个人的收入、任职资格和成就感。而且比例是刚性的。

每个部门的主管都想保护自己的人，所以这个最差的考评，都是绞尽脑汁往外送，主动离职的必给、要转部门的来一个……当时我的团队有一个从别的部门调过来的员工，已经 40 岁了，踏实而内向。因为老婆在这个城市，所以申请调过来，头一年提了没通过，因为有苗头啊，给了差评。第二年底终于调了过来，但是上年的考评由原部门给，又被差评，连着俩差评是要走人的。一个40岁的大男人在我面前哭。我作为他的主管去跟上级沟通，他没有任何工作上的过失，工作能力大家都是有目共睹的。但是最终的考评结果，已经上报中国区了，中国区领导说，哪有那么多例外，两个差评就是不行，没有工夫去做调查了解细节。我就这样看着一个兢兢业业的员工，没犯任何错误，只是想调个地域跟老婆相会，最终成了这样的结局。

戏剧性的是，最后我自己要走了，领导挽留无效后说，你要不再待两个月？我就答应了，心里还想着我就给个面子吧。后来掐指一算，两个月后就是九月底，可以打全年考评了，我也光荣地帮团队扛了个差评。

这种强烈目标导向形成的巨大薪资差异，好的一面是可以保持活力，越少掺杂情感因素越高效。不好的一面呢，扭曲人性，每个人都很在乎自己的绩效，而时间就是绩效。你要占用任何人绩效以外的时间，都得去找他的领导协调。

倪云：我行我上

有一年，我们一个配套产品在某国出现进水问题，当然，大部分国家都好好的，那个国家气候比较极端，而那一年，正好又遭遇了极端恶劣的天气。这是个非常严重的问题，全网存在隐患。第一解决方案，当然是更换，让供应商分步骤有节奏地更换。

问题是，更换的产品就一定没问题吗？还是他们生产的啊。所以首要之急是搞清楚问题的原因，然后对产品做相应的改进。

根据华为对这家供应商的了解，他们给出的解决方案，很明显不到位，倒不是态度问题，是能力问题。这种问题除了技术因素以外，也跟整个生产过程的质量控制相关。于是我们组成了一个团队，从研发到质量到测试，浩浩荡荡进驻厂家，花了一周多的时间帮助整改。梳理供应商的研发测试流程、来料检验流程、生产加工流程、出厂检验流程，一个环节也不敢疏漏，然后针对性地优化。我作为研发人员，在这个团队之列，全程参与，直至第一批产品出来，生产直通率达到要求。

许多下游企业，就是这样和华为一起，在这波通信浪潮中跌跌撞撞走向了世界。

说到这呢，还有一回，我们的一个配套产品因为前期的技术问题，上线比较晚，而产品又突然要提前发货，眼瞅着就赶不上趟儿了。老大一拍桌子："走，我们自己上。"带着我们几个研发就去生产线了。我们自以为娴熟的组装技能跟工人一比，简直可以忽略不计。但是供应商被打动了，迅速优化加工流程，安排了更多的工人加班，甚至停掉了一些发货不急的产品，全力保障这批产品的进度。事后他们问我："这算不算华为速度？"

> 焱公子：外界都在说华为是狼性文化，何谓狼性，不同人有不同解读，我认为这个版本是相对合适的：强烈的目标导向，不达目的不罢休的精神，为达成目的不择手段的狠辣，以及达不成时毫不容情的问责。
>
> 汪子洵：我接触过的华为人都有个特点，不讲人情，永远讲流程。

大部分人，面对我们稍微逾越流程的提议，口头禅是，
"要找领导汇报"。在组织里，跟着"头狼"站，没问题，
单独拎出来，就是"绵羊"。

胡琼花：华为的考评制度充分体现了狼性本色，最终是满地血腥，
不满的情绪是普遍的，满意的是少数。我现在服务的公
司，不满的情绪也是普遍的，但不是因为不均导致，而是
现阶段的经济大环境引起的。少了利益牵扯，组内同事间
的关系非常融洽，不用担心因为考评的原因受到同事间的
挑拨。

康乐心：华为是相对考评，以结果为导向，只做好本职工作是不够
的，要跟别人比。

心　声：在华为，每一个项目，从军令状到嘉奖令，从突击部队
到百万大军，一个版本做下来，真的像打完了一场战斗。
战争结束，成王败寇，论功行赏，简单休整，迎接下一
场战役。

三十年来，华为给外界的感觉就是攻城略地、所向披靡，做什么成
什么。不论是起步较晚的 GSM（全球移动通信系统），牌照推迟多年
发放的 UMTS（通用移动通信系统），差点错过的 TD-SCDMA（时分
同步码分多址），还是起步更晚的终端。

被外界奉为神话。

如果不是写作这本书查阅资料，我是永远也不会想到，这种"神
话"已经到了何种程度。光标题带着"华为"二字的书已成千上万本！

但是，像所有的事情一样，寻找本质还是要回到本源。

关于华为"狼性"的有所为和有所不为，关于"狼"的甄选和培养，都在任总不同时期的讲话里面了。

1. 任正非《打天下要与对手做朋友》——"友商"

我们把竞争对手称为友商，我们的友商是阿尔卡特、西门子、爱立信和摩托罗拉等。我们要向拉宾学习，以土地换和平。拉宾是以色列前总理，他提出了以土地换和平的概念。2000 年 IT 泡沫破灭后，整个通信行业的发展趋于理性，未来几年的年增长率不会超过 4%。华为要快速增长就意味着要从友商手里夺取份额，这就直接威胁到友商的生存和发展，可能在国际市场到处树敌，甚至遭到群起而攻之的处境。但华为现在还很弱小，还不足以和国际友商直接抗衡，所以我们要韬光养晦，要向拉宾学习，以土地换和平，宁愿放弃一些市场、一些利益，也要与友商合作，成为伙伴，共同创造良好的生存空间，共享价值链的利益。我们已在很多领域与友商合作，经过五六年的努力，大家已经能接受我们，所以现在国际大公司认为我们越来越趋向于是朋友。如果都认为我们是敌人的话，我们的处境是很困难的。

在海外市场的拓展上，我们强调不打价格战，要与友商共存双赢，不扰乱市场，以免西方公司群起而攻之。我们要通过自己的努力，通过提供高质量的产品和优质的服务来获取客户认可，不能由于我们的一点点销售来损害整个行业的利润，我们决不能做市场规则的破坏者。通信行业是一个投资类市场，仅靠短期的机会主义行为是不可能被客户接纳的。因此，我们拒绝机会主义，坚持面向目标市场，持之以恒地开拓市场，自始至终地加强我们的营销网络、服务网络及队伍建设，经过九年的艰苦拓展、屡战屡败、屡败屡战，终于赢来了今天海外市场的全面进步。

2. 任正非《迎接挑战，苦练内功，迎接春天的到来》——"普遍客户关系"

普遍客户关系是我们差异化的竞争优势。创造一种合同来源的思维方式是多方面的，不要单纯地就那一个棋眼。去年，我和一个部门接触，我对他们很不满意，我发现他们工作有问题。他们把工作面缩小到针尖那么大，搞来搞去似乎决策的就那么一个人，处级干部，副总裁级干部什么的都不考虑了。这是战略性、结构性的错误，所以那时我就提出要搞好普遍客户关系。我认为普遍客户关系，华为公司在近一两年进展情况是很好的。小公司只搞一个两个关系，最关键的关系，成本最低。但是现在决定事情的时候，也是要大家讨论的，大家的意见也不可能逆水行舟。中国现在的政治环境下，谁敢逆水行舟？即使本来自己是问心无愧的事情，也不敢逆水行舟，就包括我。我在华为公司这么长时间，问题讨论不出来结果就下次再讨论。我心里怎么想的，嘴上也不说。最后大家说的和我想的一样，我就说也赞成这个方案，最后是大家的。现在的决策体系，个人霸道的决策已经不存在了，这个环境不存在了。想不想都得开个会，开会后，周边环境都会有很大的影响。我们有两百多个地区经营部。有人说撤销了可以降低很多成本，反正他们手里也没合同，我们还要不断地让他们和客户搞好关系。我相信这就是我们与西方公司的差别。我们每层每级都贴近客户，分担客户的忧愁，客户就给了我们一票。这一票，那一票，加起来就好多票，最后，即使最关键的一票没投也没有多大影响。当然，我们最关键的一票同样也要搞好关系。这就是我们与小公司的区别，做法是不一样的。小公司就很势利。我在拉美时，与胡厚崑谈话，胡厚崑讲到了拉美市场拒绝机会主义。有合同，呼啦啦就来了，没合同，呼呼呼就走了。我认为他们的关系是不巩固的，至少普遍客户关系不巩固。

3. 任正非《华为的红旗到底能打多久》——狼

HAY 公司（合益集团）曾问我如何发现企业的优秀员工，我说我永远都不知道谁是优秀员工，就像我不知道在茫茫荒原上到底谁是领头狼一样。企业就是要发展一批狼，狼有三大特性：一是敏锐的嗅觉；二是不屈不挠、奋不顾身的进攻精神；三是群体奋斗。企业要扩张，必须有这三要素。所以要构筑一个宽松的环境，让大家去努力奋斗，在新机会点出现时，自然会有一批领袖站出来去争夺市场先机。市场部有一个狼狈组织计划，就是强调了组织的进攻性（狼）与管理性（狈）。

当然只有担负扩张任务的部门，才执行狼狈组织计划。其他部门要根据自己的特征确定自己的干部选拔原则。生产部门要是由狼组成，产品就像骨头一样，没有出门就让人扔了。

09 仗剑走天涯

我承诺，只要我还飞得动，就会到艰苦地区来看你们，到战乱、瘟疫等地区来陪你们。我若贪生怕死，何来让你们去英勇奋斗。在阿富汗战乱时，我去看望过员工。……利比亚开战前两天，我在利比亚，我飞到伊拉克时，利比亚就开战了。我飞到伊拉克不到两天，伊拉克首富告诉我："我今天必须将你送走，明天伊拉克就封路开战了。我不能用专机送你，不安全，我派保镖送你。"结果前后一个大车队，十多名保镖，连续奔驰一千多公里，把我送上了最后一架飞机。一路上换车队，就如从深圳到西藏，经过广西换广西车队，经过贵州、云南换当地车队。粤B一直开到那里，就太显眼了。

——任正非《在泰国与地区部负责人、在尼泊尔与员工座谈的讲话》

研究生快要毕业的时候，无所事事，我在网上注册了一个博客，开始零散地记录生活。后来在华为，工作忙是忙，但只要有那么一点时间，还是会习惯性地打开博客，写下所见所闻和当时的心情，尤其是出差的时候。

华为人，特别是研发，包括我，其实是喜欢出差的。因为出差只解决一个问题，全身心投入其中，有时候觉得还挺享受。不像在公司，每天的工作列表都是长长一串，恨不得长出个三头六臂来。

出差再忙，也还有节奏感。所以呢，出差的时候，往往也是我打开博客奋笔疾书的时候。朋友们常常感慨：华为的工作看起来挺诱人嘛，行走世界，体验很丰富啊！

如果说寂寞也是一种体验的话，那么这句话没毛病。当然，对于有些地方的同事来说，除了好山好水好寂寞，还有枪林弹雨和疟疾。

同事间一直保留着一个传统，从一个比较新奇的地方回来，会带些当地的特色食品分享给大家。然后就有那么几天，午饭后的散步，话题飞越大山大海……

秦川：活着回来就是最好玩的事

每次从非洲回来，我都觉得自己更热爱生活了。

一踏上中国的热土……哈哈……别说我矫情啊，真的是热土，因为这里处处热火朝天！路两边都是工地，大型的机器像巨人一样耸立着，让人禁不住叹服人类的力量（出去了都是叹服自然的力量）。车子很多很快，嗖嗖嗖的，人也很多，嘈杂、忙碌……到处都是生命力。

我上次去苏丹，宿舍外面不远的地方在建造一所房子，就那么三五个人，晃晃悠悠地干着，有几天不见人了，过两天接着干，我在那住了近三个月吧，眼瞅着它只垒起了一人多高。你猜怎么着，半年后我再去，天哪！还是那么多，几个人还在那晃悠。我实在忍不住，就问代表处的同事，他们告诉我说，有钱了就盖一点，没钱了就停下来呗，有些建材短缺了也会停工。习惯了就好，他们干什么都不着急的。

我每天下站点，会路过一些沙漠边缘的村庄。

那里的人每天就光着膀子，趿着拖鞋在那晃。很多小孩子的拖鞋，就是自己找个鞋底，用花花绿绿的塑料袋系起来的。一个小水潭，小孩也在里面玩，大人也在里面取水做饭饮用。大部分人每天就聚在一棵被晒得奄奄一息的树下，有一搭没一搭地聊天……这跟国内的节奏差别太大了！时间在这里像是静止的，只有温度计的红线在往上飙升！

因为战乱，很多区域都是戒备的，随便溜达可能会遭枪击，站在宿舍都能看到总统府里朝外的炮筒。

所以没有什么娱乐活动，我们几个人守着宿舍的乒乓球台子，几个月下来，都成高手了。另一娱乐活动就比较有技术含量了：互相剃头。我出去之前，下载了很多电影、电视剧贡献给代表处的同事，那里当时还没有网络，地方电视台又看不懂，必须自备娱乐设施。当然，也不会忘了带上几瓶老干妈给大家解解馋。

当地也没有什么像样的饭馆，周末我们几个大老爷们就自己买菜做饭。但是没有菜市场啊！于是每个周末，会有一个留着络腮胡的中国人开着路虎，把刚刚空运过来的蔬菜送到宿舍。真是有中国人在的地方，就没有什么买不到的。中国人在那边开了超市、医院、4S店。一个电话预订，蔬菜就按时送来了，不过就是贵。所以我们做每一道菜都很用心，再配上下饭神器老干妈，那是要多香有多香。

说句心里话，公司已经提供了当地最好的条件了，宿舍在相对安全的富人区，是带泳池的别墅，喝的是无限量供应的瓶装矿泉水。但是受限于大环境，活动范围有限，还要提防疟疾，虽然来之前打了各种疫苗。

所以你问我非洲有什么好玩的事？对于我这种，呃，一向保守的人来说，活着回来就是最好玩的事了。什么大草原？那在肯尼亚，没机会去呢。

倪云：魔幻东南亚

出了马尼拉机场，打车很快就到了宿舍，是商业区的高档公寓。门迎一口一个"Morning madam"（女士早上好），都是年轻男子。我和一位女孩共享一套房子，两个带独立卫生间的卧室，超大的客厅、厨房，公司请了菲佣每周两次过来打扫卫生。

我要每天下站点做测试，仪表众多，站点遥远而分散。客户安排了四位帅哥同行，都是菲律宾本地人，司机、客户方两名工程师、我们公司一名本地员工。Richard 开朗灵活，Efren 憨厚踏实，Jimmy 沉默好思，司机 Ane 聪明和蔼、有着四分之一中国血统，一个个都秉承着菲律宾人的爽朗幽默。车子一启动，欢快的音乐也就响起来了，他们会跟着一起唱。驶出市区，天高地阔，成片的椰子林、香蕉园、菠萝地、玉米地从远远的天边飘来……一般要飘上两三个小时。到了工作地，他们还是各种开心。我在用一面三角形的天线捕捉信号，我转动它时对着谁了，谁就会假装中弹倒下。对着菠萝地了，Richard 说，小心，那么多眼睛看着你呢，然后叨叨为什么菠萝有那么多眼睛。

这一天，站点在火山口附近，他们把午餐安排在达雅台观景点。下一天，站点在海边的农家小院，傍晚就在海滩吃饭、看日落。

每天早上八点出门，回到公寓都十一点以后了，我还要把白天在烈日下扛着仪器测的各种数据进行整理、计算、总结，然后输出报告。倒一点也没觉着辛苦，工作有条不紊地进行着。

其实在国内这样的差事也不少，但总是忧心忡忡，焦虑大写在脸上。面对好山好水，一把心思分散出去就有种负罪感，神经一直绷得紧紧的，这是头一次在工作中感到放松。后来跟其他同事交流，也有同感，一般东南亚、非洲、欧洲的人本身节奏比较慢，只要不是致命问题，客户也不会搞得鸡飞狗跳的。但不好的是，真遇到急事了，他们还是不着急，让中方员工很抓狂。

有一天，在从站点回来的路上，Jimmy 问我的信仰是什么，他穷尽了他知道的所有宗教，都被我否定了。他还是不甘心，继续追问，那你信什么呢？难道中国还有别的宗教。我说真的，大部分中国人没有信仰，我也是。他非常好奇地盯着我，没有信仰的人是怎么生活的呢？你们会快乐吗？你们做错事的时候会内疚吗？我也是头一次听人说没有信仰是活不了的。这下可好了，为了拯救我，Jimmy 开始给我讲他所信仰的基督教，从《圣经》开始，一路不带停的。

就在那个周末，我接到一个陌生女孩的电话，说的是严重菲律宾口音的中文，自称是 Jimmy 的侄女 Jash，说他们下午有基督教的聚会，想邀请我参加，地点在马尼拉的中国城。我蒙了，还动真格要拯救我呀。但是抑制不住好奇呀，我就答应了。下午一点钟，Jash 的父亲开着车，带着 Jash 和一个叫麻衣子的日本女孩到公寓楼下接我。Jash 其实只是个十二三岁的小姑娘，深棕色皮肤，大大的眼睛忽闪忽闪的，可真好看。麻衣子小我两岁，从五岁起就跟着母亲学习《圣经》，曾经在台湾学习一年中文，做过一年义工，到菲律宾也是在华人社区做义工，所以中文很好，她就住在 Jash 的家里。看着她们一脸的友善，我完全放松了下来，跟着她们一路叽叽喳喳说个不停。

到了目的地，她们带着我进了一个写着 Kingdom Hall（王国聚会所）的大厅，里面已经聚集着四五十号人，粗粗望去，大都是本地人。一位老者在上面引导，用的是中文，福建口音。我们落座后，已经开始讨论了，当日的主题是"首望台"，每人手里有一份小册子，是讨论的内容，中文带着拼音。一位先生读完一段后，另一位先生会提问，大家举手发表意见。"姐妹"和"兄弟"发言都很踊跃。其间需要大家不时地将《圣经》翻到某章节，我就看痲衣子的。这是一本装帧精美、有皮外套的《圣经》，里面有她密密麻麻的手记，五颜六色。讨论持续了一个小时，我是懵懵懂懂地听着，一直纳闷，为什么一群菲律宾人在这里用很蹩脚的中文来讨论《圣经》呢。

当所有讨论结束，悠扬的赞美诗在钢琴的伴奏下也唱完的时候，我以为大家会像我们平时开完会一样作鸟雀散状，完全不防备的是，所有人都朝我走过来，一个个友好地自我介绍，然后握手问好，非常高兴我能参加今天的聚会。这个过程持续了足足二十分钟，头一次被当作外国人围观，我只好用傻笑向他们致意，直到腮帮子都僵了。大家终于恢复平静，三三两两分散开来，不时还有人过来跟我长聊，我也终于弄明白了，这是一个专门服务华人基督教徒的群体。

聚会在四点钟结束，大家分头到朋友家里去了。我也跟着痲衣子和 Jash 去了她们的朋友家里。这是一个富裕的菲律宾家庭，屋子的装饰充满了东南亚风味，摆放着很多工艺品。我们光脚踩在华丽的地毯上，坐在宽大的沙发上。痲衣子拿出新的《圣经》和《圣经导读》送给我，然后问我对哪一章节感兴趣，我选了"如何让家庭幸福"。于是在接下来的时间里，我们边读《圣经》，边聊各自的家人、生活中的烦恼，我总是忍不住偷窥麻衣子那双清澈如水、温润如玉的眼睛，现在想起来还是觉得不可思议，怎么会那么宁静。

末了，Jash 的爸爸又开车送我回到公寓，下车的时候，我说："今天真的很开心（其实我想说很魔幻），非常感谢你们给了我一段美好的体验。"

"我们最大的心愿就是让别人开心。"麻衣子说完，又是一躬。

让我何以回报。

许巍在歌中唱道：

"曾梦想仗剑走天涯，看一看世界的繁华，年少的心总有些轻狂，如今已四海为家。"

无数的华为人，依仗着公司的大平台行走天涯，就像执剑的侠客，看过繁华、抚过柔软，一点一点把轻狂放下。

心　声：最需要克服的是离家后的空虚、生活的空虚，要能忍受数月乃至数年的孤独。有同事说每隔几个月，就有一种生无可恋的感觉。

心　声：地点北非。在客户站点，听到周围有机枪扫射的声音，客户有时比较敏感，往往都是我们在安慰客户："Do not worry, it is safe."（别担心，是安全的。）如果声音一直持续，我们就会把办公位移一下，接着干活。其他更多的是晚上、凌晨各个派系分子的内战，枪声不绝于耳，炮声连连。不过很快就习惯了这样的情况。那种非连续的比较响亮的声音往往是大口径步枪，连续的清脆的声音是轻机枪。那种大火力车载机枪，在晚上很容易看出来，就是一道道火花在天上窜，跟战争片中晚上开战的景象一样。那种刺破长空尖锐的并且还会持续数秒的声音（小时候玩的冲天炮那种声音的放大版），就是大炮的声音，爆炸后能很明显地感觉到沉闷。

心　声：我在阿尔及利亚经历过炮火，爆炸物离我就几十米；在撒哈拉以南的马里，客户办公室的大院里第一次面对面地看大蜥蜴在树上爬；在邻国乍得，客户带我去看法国兵营，到黑人市场看非洲木雕；我挎着相机独自去过非洲最淳朴的村落，被当地人围着要求拍照；在印度，周末我顶着40多度的高温爬山，鞋底都融化了；飞机在孟买机场降落的时候，看见无边无际的贫民窟沿着机场围墙蔓延，给我深深的震撼。我经常向朋友"炫耀"："地球上的这些地方你们可能一辈子都不会去，但是我去了。"这是公司给了我弥足珍贵的人生历练。

心　声：想想多年以后，我们都回国了，在那个遥远的国度，那个机房里，整个国家的业务跑在我们从零动手装起来的系统里。我们也算造福一方，是不是超骄傲的！

心　声：赴伊拉克厨师。当时驻地周围没有中国超市，简单的锅具也难以买到。为了让同事们吃到馒头，我们冒着汽车被炸的风险去市场买来当地的大铝盆，将盆底用钢筋扎几个洞，用布把铝盆周边围起来，硬是做了一个"笼屉"。当有同事想吃家乡的"烤鸭"，我们就拿着打印出来的鸭子照片，联系当地供货商送鸭子，通过网络学习调制烤鸭酱、烤蒸鸭饼，让兄弟们吃到地道的北京烤鸭。有同事想吃豆制品，我们买来床单改造成"豆腐布"，用菜筐做磨具，自己做豆腐，风味烤豆腐、家常炒豆腐、锅贴豆腐等各种花样的菜肴纷纷上了餐桌。有同事想吃凉皮，我就拿本地的餐盘，把洗好的面浆倒入里面放蒸笼蒸。新鲜蔬菜极为短缺，我和兄弟们尝试了很多采购渠道，都没有能够很好地解决，最后决定——自己种菜！我最常说的一句话：华为给的钱多，要对得起这份工资。

心　声：有一种疾病，它可以让你免费体验跨南北半球旅行，在享受完热带桑拿般的舒坦，立刻带你进入北极体验那里风雪的严寒。同时，它能给你全身做一种专业按摩师做不到的关节连接处按摩，让你的关节连接处享受那种上万只蚂蚁轻轻噬咬的酸痒，这种酸痒又传遍全身，伴随着跨半球的旅行，不知不觉，你就能感受到自己全身冒汗，脸色绯红，而不知情的人定会误以为是刚完成某种剧烈运动后酣畅的结果。如何才能享受这种美妙呢？只要在南部非洲或者东南亚部分地区找到一只性感的花色长腿母蚊，让它在你身上轻轻叮一口，那么一周后你就可以享受上面描述的全套 VIP 服务了。如果你想缩短等待时间，那么你在被叮咬后通宵加班一到两个晚上，等待的时间便可缩短一半，让你快速体验。这就是疟疾、登革热等，通过蚊虫传播的疾病。我有幸享受了一次，而且是加快的。

心　声："蚊子龙卷风"，地点马拉维。一望无际的马拉维湖湖水常年干净，同时也是世界上最大的蚊子繁殖基地之一。雨季期间，有些时候傍晚你从湖面上会看到"龙卷风"，黑压压直冲云霄，其实那不是龙卷风，而是上亿只蚊子从水里往上飞出来。

心　声："牵手"，地点坦桑尼亚。客户是个非洲人，是无线的负责人。他看到我的时候非常非常高兴，拉着我的手就不放了，一路牵着我的手带我参观机房，就这么一直走一直走，竟然走了一个多小时都没松开我的手。我当时心里都有些发毛了。我从小到大还没被一个男人这么牵过手，我想这哥们咋回事啊？后来我问同事，他说这里的客户就是这么热情的，他觉得他和你好他就拉你的手。我听了之后稍微心安了一些，但还是有些忐忑。后来我发现坦桑尼亚这边的确如此，很多次我都看到两个男人在路上手牵手地走，关系好的好像都这样。我这才真正放下心来，继而又有些感动，因为我能感受到客户对我真是非常尊重，也非常希望我能留下来。

在这一节里，我没有选取海外攻山头拼项目的经历，这里面当然是惊心动魄又充满成就感的，它们可能发生在任何场合，不是海外独有。但是，一段异国他乡的生活经历却是难得的。当我问及那些在海外常驻或者出差的人，他们更感恩于这个大平台所给予的广阔视野：反差巨大的自然环境和它孕育出的不同文化，不同文化里的人对抗命运的方式……当然，还有孤独以及在孤独里的自我探索。一场短暂的旅行所能给人的是视觉上的冲击，工作生活在一个全新的环境，那是一种价值观的碰撞。

我还记得 W 先生在一个北欧小国常驻两年后回国，我们在餐厅偶遇，他一边吃早饭一边给我讲他们一家三口的经历，那眼神，跟他攻克一个新的技术点一样熠熠发光。他说起好几位共事专家的职业经历，一位是年轻的时候搞建筑，后来研究材料，六十岁了进入通信领域，每个事业都是他在那个年纪特别有兴趣的，全身而入，直到搞出名堂。另一位早都是大公司的 CEO 了，退休之后因为兴趣在这个领域钻研，每天亲自编程调试，一副很享受的样子。我看得出来他内心的激动，他发现了寻常生命轨迹之外的可能。他还说起了自己的孩子，在旅行的路上一个人拉着大行李箱，看路牌，主动问询，一下子就好像长大了。

我也记得 Q 先生第一次从非洲回来，我的心就像野牛奔腾在浩瀚无际的大草原，那个激动！止不住地问他："讲讲非洲好玩的事情啊！"他不紧不慢地回了一句："活着回来就是最好玩的事了。"还怎么往下聊啊。我当时真觉得，这个人好无趣，出去了一点也不知道找点乐子，完全不热爱生活嘛！后来听他说完，方知每个人热爱生活的方式不同，有的人愿意冒着生命危险去寻求丰富刺激的体验，而有的人，选择一丝不苟地承担为人夫、为人父、为人子的责任。

还有"非色勿扰陛下"。他海外行走八年，两条腿一双眼一台相机拍下各色光影，在一个个寂静的夜里裁剪调色处理光圈，配上润泽的文字，升级为华为人口中的"陛下"。离开华为后顺理成章组建了自己的高端定制旅行公司。

…………

不管出于何种目的，年轻人是很愿意出去走一走的，在这个广阔的平台上，梦想可以很大，经历可以很酷，变数就是可能性……但是艰苦或者陌生的环境，必定会引发精神和身体上的不适，作为弥补，海外除了正常的工资奖金及股票分红外，还有离家补助、艰苦补助。职级也是向海外倾斜的，机关干部没有海外经验基本得不到更高的提拔。举个例子，一个应届生，去华为六类国家（战争＋艰苦，比如阿富汗）常驻，税前年薪差不多有50万元。如果是去发达国家，收入跟国内差不了太多。

很多小伙伴问，华为海外到底该不该去，什么年龄去好？

"22岁本科毕业，了无牵挂，直接来一线常驻，从客户经理做起，挣钱是小事，关键能真正了解到世界500强如何走到今天这一步。混得好了，30岁之前升个代表或者系统部长也不是没有可能。"

"研发做两年再去，这个时候有一定的技术积累，还没有家庭的顾虑，思想也相对成熟，成长起来更快，对于工作之外的时间也会有更好的安排，不至于陷入绝境。而且回来后好歹有技术背景，退路更多。"

"孩子小的时候，带着老婆（老公）孩子一起。孩子读国际学校接受英语多元文化教育，老婆（老公）在当地大学读个学位，全家开阔视野。非战乱国家基本都可行的。"

…………

在华为，接近客户就是上一线，就是进战场，那儿是产粮的地方，也是出将军的地方。对于怀抱事业的人来说，此刻，就是最好的时候。

10　军功章里，有你的一半

> 但是最应该获奖的，应该是我们八万多员工背后的
> 几十万的家人。其实他们才真正非常伟大。他们忍受了
> 多少痛苦，才成就了华为的奋斗，没有他们就不可能有
> 华为的今天。可惜我们的奖励面太少，我希望每一个员
> 工春节回家去发发奖：给你太太、先生洗个脚，给你的
> 爸爸、妈妈洗个脚，表达你对他们真诚的热爱。
>
> ——任正非《在华为销服体系奋斗大会上为家属颁
> 奖的讲话》

大概是我来华为的第二年，先生所在的部门组织去黄山秋游。周五
晚上下班后，我赶到集合地点跟他会合，男男女女都是年轻的面孔，已
经聚集了很多人，大巴车还没到。一个小伙转头对我说："华为工作强
度很大啊，你应该也听说过，还要请你多担待些。"我一头雾水，不解
其意。先生笑说："老大，你放心，我也会担待她的。她也是华为的。"
那位"老大"有点尴尬地一笑："那就太好了，彼此理解，家庭和睦。"

估计他是经常遭到老婆的诘问吧。

自从我写那篇关于华为的文章之后，好几个前同事发信息给我：以
前我怎么跟老婆解释她都不信，还疑神疑鬼说我在外面有人。把你那篇
文章扔给她，从此天下太平。

华为家属不好当。

因为华为人工作节奏的特殊，家属也成了另一个特殊的群体。

所以员工嘉奖的时候，经常会邀请获奖员工的家属发言。有一次，一位文科出身的妻子，文笔特别好，平实又不乏生动的细节，把那些生活中的不易轻描淡写地说出来，现场很多员工都在抹眼泪。有人在下面喊，应该给她颁发个金牌家属奖！

还有一位丈夫，卖掉了车子、房子和店面，带着 3 岁的小公主加入华为家属大军，在非洲的代表处，默默从事后勤工作，给那些"随军"的孩子们捣鼓玩具、做吃的、接送上下学，一时成了民间的"男神"。

郑伯通家属：我和两个孩子的美国"随军"记

Q1：作为华为家属，有没有什么不一样的？比如，你家先生会把华为的一些习惯或者用语带回家吗？

A：做了这么多年的华为家属，"女汉子"已经炼成，所以现在很适应。倒是刚开始的时候，一是感觉他被公司"洗脑"了，天天回来跟我宣扬公司有多么多么好，他是多么多么认同公司，通常这时候我都赏他个白眼；二是加班太多，特别是孩子小的时候，感觉非周末基本都见不着爸爸，我白天要上班，晚上要带娃，周末还要打扫卫生，那时候确实挺委屈的。

现在随着他年纪增长，也有意识地来平衡家庭和工作了。这两年换了岗位后，加班的频率也降低了，所以现在对家庭的照顾还是比较多的。当然，随时随地的电话会议有时候还是会让人恼火，但相比较以前，我已经很满足了。

Q2：你是外企背景，你俩的工作画风有什么差别？

A：我们氛围比较宽松，大家工作起来都比较 gentle（温和），很少有针尖对麦芒的情况，我到现在其实还很怀念在公司的日子，同事之间互相友爱，没什么钩心斗角，相处起来很舒服。我们公司也比较人性化，对员工的家庭成员更容易接纳，比如可以带孩子去上班，也不会招来异样的眼光，这在华为估计是不可想象的吧。

华为的工作氛围给我的印象就是直来直去、风风火火，好多次听到他参加电话会议的时候都要骂人了，而且竞争比我们要严酷得多。但是不得不承认，华为在工作效率方面比我们更高，对客户的响应更快，这可能也是华为加班多的原因吧。我们基本不加班，偶尔项目进度特别紧赶一下，但也不会出现通宵加班的情况。

Q3：放弃自己的职业（曾经排名在华为前面的 500 强外企，十年资历），"随军"有纠结吗？

A：说实话，没有纠结。之前也想过回归家庭，只是迫于经济压力不敢轻易辞职。老二出生以后，我白天上班，晚上照顾两个孩子，太辛苦了。当时公公婆婆在帮忙，他们都是很好的人，但确实在生活习惯和带孩子上还是跟我有比较大的代沟，我想辞职自己带孩子，只是一直没有勇气。所以知道他有外派的机会，我倒是松了一口气，抓着"一家人要在一起"的绳子就往下溜。

Q4：对于"随军"家属，华为有什么照顾政策？

A：应该是满足当地法律法规的标准吧，比如承担一部分家庭成员的医疗保险。另外，外派补助考虑了家属"随军"的问题（虽然不够哈）。

Q5：讲讲你们过去两年在美国的生活。

A: 到了美国倒是没觉得有什么不适应，因为这边华人还挺多的，大家身处异乡，特别容易熟络起来。虽然有的时候语言不通有些烦恼，但这里的人比较 nice（和善），出门办事也不会觉得太尴尬。

身在异地吧，社交生活特别简单，加之只有一个人工作，全家人的生活比较容易规律，空气也好，孩子以前每个月呼吸系统感染去一次医院，现在免了。

孩子可以凭借租房就近入学，在这种鼓励性质的教育环境下，她们适应得很快，即使一开始语言不通也没有特别沮丧，这个比较出乎我的意料。

很多吃的东西这边都买不着，或者很贵，面对一家子吃货，我只能自己琢磨着做，如今已修炼成朋友圈里的"厨神"，从凉皮、肉夹馍到卤猪蹄、蒸馒头无所不能，基本就是想吃的东西都能照着菜谱做出来。话说做好吃的东西给家人，也是很有成就感的哦！另外，我跟先生都是闲不住的人，每周末都有安排户外活动，生活的半径在逐渐扩展。

两年下来我最直观的感受是：我们一家人比以前更加亲密了。以前毫不夸张地说，我跟他一周可能也说不上几句话，像是一个屋檐下的陌生人。一是他总加班，下班的时候我们基本上要睡觉了；二是家里有老人，有很多话好像在那种场合也不好说；三是除了周末（有时候还要加班），他基本没有参与我跟孩子的生活，所以也没什么共同语言。而现在，我有精力对家庭生活进行规划，而他跟着这边的工作节奏，晚上基本七八点就回来了，大家一起带孩子，谈谈一天发生的事情，家庭的凝聚力前所未有地紧密，这是我现在很享受的事情。

所以从这一点来讲，我认为"随军"是一个非常正确的选择。如果没有这次看似被动的契机，我的家庭可能还处在一种焦虑散乱的状态，我也不会知道，家庭成员之间的亲密情感，可以带给我如此大的幸福感和成就感。后面不管是回国还是去其它国家，我想，面对选择，我都会有不同角度的价值判断了。

Q6：遇到过什么困难或者冲击，你个人有何规划？

A: 孩子的社交语言从中文切换到英文，这算是一种冲击吧。不过令人惊叹的是，小孩子的适应能力太强了，只要父母在身边，她本身有安全感，其它变化对她们来讲都像是游戏，很快就进入状态了。

上次回国给老大办理小学学籍保留，返美的箱子里全是中文图书。现在对我们来说，挑选合适的中文图书，坚持学习国内小学课本也是一项挑战。

这两年，我们的家庭生活表面上歌舞升平，但是内心深处，因为未来诸多的不确定性、个人价值观的重建，实际是暗流涌动的。我打算等老二上了幼儿园，进社区大学学习（这个几乎没有门槛），一来增强语言能力，二来扩大社交，三来为可能需要面对的再就业做一些储备。

Q7：一个人在异国他乡带俩娃，你是怎么做到的？

A: 首先我不是"牛妈"，只是尽量照顾好两个孩子的衣食住行而已。这边一个妈妈带两个或者多个孩子的情况比比皆是。她们给了我很多启发，也教了我一招：给爸爸机会。

早上，先生负责老大的早饭、洗漱、梳头发，送去学校，我陪老二睡到自然醒。上午的时间相对宽松，因为他中午回家吃饭，我们一般正餐放在中午（一是这样晚上可以少吃点，二是老大放学后我有充足的时间陪她学习）。起床先把中午要做的菜收拾好，然后带老二出去玩或者去图书馆。

下午比较忙。老大三点半放学，如果有课外班，我送了她就带老二去超市囤菜，接她回家后把中午的饭菜热一下。稍事休息，开始学习。既要跟着国内的进度又要完成本地作业，另外还有阅读任务，孩子其实挺辛苦的。因为陪老大学习，很多时候顾不上老二，她在姐姐的桌子上画画或者玩积木，但更多的时候一个人在别的屋看视频，等爸爸回来一起玩。

如果先生出差，我就要切换到打怪升级的超配模式了。

Q8：站在华为家属的角度，说说你心目中的华为。

A: 我觉得华为是一家公平的公司，有能力就有机会，给了像我先生这种无法"拼爹"的人一个施展自己能力的平台。但是企业文化是倡导牺牲精神的，很多时候职业成就和高收入是以家庭和个人健康来换取的。

张彻家属：早上睁开眼，第一件事是看下老公昨晚回来了没。临睡觉前，微信还是同样的内容：老婆你先睡，我还要加会儿班。日复一日，年复一年，有时候真怀疑我的两个孩子是怎么来的。

向阳家属：他很少提及公司的事情，即使拿回金闪闪的奖杯也只是轻描淡写，但是我看得出来他发自心底的自豪。这或许是华为人性格里的"内敛"，也或许是强大的"抗压能力"的体现吧。

何山家属：把对待工作的认真劲、计划性也带到了生活中。比如出游，总是 A、B、C 三套方案，主计划出差错了就切换备选计划，但是总觉得哪里不对啊。嗯，紧张，空气里有股味让人不能彻底放松。对这样的男人，你是又心疼又憎恨啊。

秦川家属：十几年的周末夫妻，间或半年一年的海外外派，都习惯了。我不想放弃自己的事业。虽然我知道这对他和孩子都不公平，人总要有取舍。但是有一点，能在华为长期待下去的人，是有某种纯粹性的，虽然我们聚少离多，互相信任感还是很强。这可能也是长期以来的家庭凝聚力吧。

心　声：没有"随军"，异地、异国八年整，"孤身奋战"胜利，终于调回国。当时在是否"随军"的问题上，我几乎没纠结，得知他要外派，我们的决定就是我留守：因为我们都是独生子女，四个老人跟我都在老家；加之不舍我的工作，事业编制在小城市还是很有诱惑力的。幸好我有寒暑假，可以有悠长假期去探亲，见缝插针利用探亲相继有了两个可爱的孩子。没有"随军"，遗憾是有的，但在海外"随军"的日子太枯燥了，非常容易长胖（每次假期结束回国的时候，我都要带上近20斤的肥肉）。你问幸福不幸福，这个真不好回答。对于"随军"的家属来说，老公在哪，家就在哪，幸福也就跟着来了。对于没有"随军"的家属来说，幸福就是有盼头，掐着指头算老公的归期……

第三辑

走出华为

我最好的年华，也是最容易被雕刻的年华，是在华为度过的，即便我已经离开华为，我还是华为人。华为已经在我身上打下了很深的烙印，无论好坏。我也非常怀念曾经一起奋斗过的同事，怀念那段青春岁月。

01 为什么离开

在人生的路上，我希望大家不要努力去做完人。一个人把自己一生的主要精力用于去改造缺点，等你改造完了对人类有什么贡献呢？我们所有的辛苦努力，不能对客户产生价值，是不行的。从这个角度来说，希望大家能够重视自己优点的发挥。当然不是说不必去改造缺点。为什么要讲这句话呢，完人的心理负荷太重了。大多数忧郁症的患者，包括精神病患者，他们中的大多数在社会中是非常优秀的人，他们绝不是一般人，一般人得不了这个病，就是因为太优秀了，对自己追求目标太高了，这个目标实现不了，而产生心理压力。我不是说你不可以做出伟大的业绩来，我认为最主要的是要发挥自己的优势，实现比较现实的目标。这样心理的包袱压力才不会太重，才能增强自己的信心，当然这个信心包括活下去的信心，生命的信心。

——任正非《人生是美好的，但过程确实是痛苦的》

华为上海研究所的基地在金海路上，巨大的建筑沿着金海路长达一公里，地上五层，地下三层，建筑外立面只是普通的玻璃，方方正正并不显眼。时至今日，我每次从这里经过，内心都会止不住翻腾一下，还要指给身边的人看，这就是华为！毕竟，这是我毕业以后的第一份工作，也是唯一一份。

在这幢大楼里，我曾经用三天时间写下一份天线基础知识的PPT，给相关领域做入门科普之用；曾经把一线寄回的坏件拆开，辗转于各个实验室做分析测试，查找根因；曾经在某个下午，给产品TR5的评审人员挨个打电话沟通遗留问题，跟催处理进度；曾经挺着大肚子等待一个高级别的汇报，晚上十点钟走进会议室的时候，主持人问秘书，为什么不把孕妇安排在前面。

我曾经在阳光灿烂的春日，透过宽大的落地窗看外面蝶舞繁花，看被阳光照亮的园丁的后脑勺，心生羡慕。每当这些时刻，脑海里会展现出宏大的命题：大楼里更深刻的工作逻辑是什么，工作的意义是什么。

离开以后，所有的不快都被岁月磨去了，时间果真是最好的药。往事如烟，记忆越来越模糊。

但是我记得：

食堂里，一溜排开的十几条餐线，虽然再好的餐厅天天吃也会厌倦，但还是有选择。中午阳光从玻璃的顶棚洒下来，窗外碧水清波，花开烂漫。很多人说，最不舍的是公司的食堂……

午后和同事在公园一般的园区散步，我们把这片称作"高尔夫球场"，草坡平整高低起伏。把那一块称作"原始森林"，大树茂盛，下面点缀着各种野花，小径曲曲折折。另一片称作"湖区"，黑天鹅在里面悠游，荷叶田田……

永远洁净的地面，永远有热水的水房，永远干净的卫生间和充足的手纸，水龙头里冬天流出的热水……

华为的基地为什么都这么拉风？任总在《迎接挑战，苦练内功，迎接春天的到来》里说：

"这次我们在发展过程中，在上海要建造一个房子，市场部是少数派，据理力争，最后把我们多数派说服了。修了一个美国 AMBOY 公司设计的上海研究所的基地，当然也包括市场部的办公机构和展厅。这里面有一条走廊，有 22 米宽，35 米高，650 米长，我看里面可以起降五架直升机了，可以在房子里面进行飞行表演了。市场部说五年以后要把客户吓一跳，把他们震撼住，把合同给我们。"

首先被"震住"的当然是我们了。刚刚完成内部装修，气味刺鼻，园林还在不断栽种修剪的时候大批人马就搬进来了，于是出现了人人戴着口罩上班的壮观场面。卫生间的自动感应马桶时不时就紊乱了，蹲个坑冲个十次八次的。浪漫的玻璃顶棚在外面下雨的时候往室内下小雨，"彪悍"的长廊里是一溜排开的盆盆罐罐。好的是，孕妇经过申请继续留在某个未清退的办公楼。一年以后，终于迎来气味清新，芳草萋萋，花木繁盛。

在这里，有的人来了，有的人走了。

为什么离开？钱没到位，还是心委屈了？每一份厮守，都是血泪与汗水的融合，挣扎着成长，踩着骨感的现实，触摸自由与梦想。尤其对于应届生来说，一路走来，都是随着大流的，这一次，有了选择的权利，却不知如何是好。

"对华为的人，诉说着对公司的不满；对外面的人，炫耀着华为的光辉。"

这就是我们。

汪子涓：根源上的问题

不是我对这家公司不满，是因为我的个性原因，跟公司的文化不匹配。其实我当时待在那挺轻松的。跟外面一对比，我觉得华为是真的把女生当女生用的公司，比如搬模块，大家会帮你，有问题搞不定了，也会帮你。

我个人在这个组织里挺开心的，但是不自由。我不喜欢自己的时间全部被固定了，必须什么时间打卡，中午还要睡个觉，晚上得待在公司。你说，我又没事，为什么不能走呢？我并不是拒绝加班，就像现在，我有事也会加班到很晚啊，但是没事的时候我就离开了。在华为甚至连睡午觉都要强迫，我心里很别扭。我读书的时候也这样，我就不睡午觉，自己在外面跳绳，然后满头大汗去上课，被老师骂一顿。

更重要的问题是，学不到一技之长。这应该是我潜意识里的想法，当时还没有意识到，只是觉得很心虚。我虽然追求自由，但内心还是有强烈的成就感的，希望得到认可。我当时做的项目比较简单，都是老项目的优化版本，复制、粘贴、调试，没什么挑战性。大家就把我当成一个小女生，随便干点活，也不指着成为栋梁。

所以现在回想起来，我还特别庆幸，如果当时那样混下去，到现在也该是被清理的对象了。（笑）

我那个时候离开是感性的，不是很清楚自己要什么，但是随着年龄和阅历的增长，越来越清楚自己内心的声音，清楚哪一条路是适合自己的。虽然现在也经常迷茫，但是大方向还是清晰的。如果那个时候随波逐流，被扔在另一条人生轨迹上，可能是另一番景象了。

范一凡：快"挂"了

给你看样东西。这是我 2009 年在瑞金医院的检查单。

我那个时候在做一个项目，压力如山一样大。最后三个月，腿上出现了一粒粒的小红点，从没有过，想着应该是劳累导致的免疫力下降，没有太当回事，一直坚持到项目交付。结果项目结束没几天，大腿根部蹦跶出个东西，鸽子蛋一样大的突出来，它不光是大，关键还很疼，走路都走不动。吓死我了，还以为自己得了肿瘤，快"挂"了。跑到医院检查，医生说，是淋巴结肿大，就是过度疲劳导致的。也就是那三个月，我掉了差不多十公斤肉。

哪里还敢折腾啊！

如果不是那个项目，也许会再坚持一阵子。我们那个项目组，当时在部门地位比较低，我还在琢磨着，等那个项目交付了，换个部门继续奋斗。

办完离职手续后，我在家吃药调理，花了好几个月才恢复过来。

华为有句话怎么说来着："只要有人对客户拍了胸脯，就会有一堆不要命的顶上。"华为到处都是不要命的。当时就一个念头，一定要把项目做成，不能给项目组丢脸，不能拖公司后腿！每天醒来不是刷牙、洗脸、吃早餐，而是在脑子里过滤下还有什么问题没解决。晚上从公司回去就 9 点多了，有时候更晚，睡觉也不定时，因为海外的电话随时会打进来。基本上除了工作脑子里什么事都没有，吃饭作息也是乱的，年轻啊，完全意识不到这是问题。

杨洁：没有存在感

主管建议我转个部门。

我到这个部门三四年了，过来的原因，是成立了一个特别重要的项目组，找我来负责其中的一部分专题。这个项目属于公共资源类，会对接到所有产品上，在当时是具有历史意义的。大家干得热火朝天，个人能力也有很大的提升，当然，这样轰轰烈烈又重要的项目，最后嘉奖也是可观的。但是，作为公共资源类，两三年做完就基本结题了，不会有无穷无尽的专题进来，大家除了日常维护，又做回原来的工作了。我当时负责的专题，难度不小，还很创新，但是对于产品来说，属于锦上添花型的，开发过程重视度不够，出现的问题比较多。我大部分精力就花在解决这些问题上，其它方面没什么突出的成绩，后来主管建议我换个部门。

在公司近十年了，很容易又回到了我最初的部门，但是，情形完全不一样了。周围的小兵都是些"90后"，我这个老家伙高屋建瓴做方案好几年，调电路画板子都生疏了。真是不好意思待下去。

后来就应聘到公司创新实验室，负责我熟悉的一个方向。实际工作起来发现跟想象的完全不一样，这是做项目孵化的：找 startup（刚启动）的公司，进行行业分析，写胶片汇报，获取立项投资，都是很虚（好听点说是很宏观）的东西，我一个常跟产品打交道，着眼于方案细节的技术控不擅长，一时觉得自己一无是处。有些人就不一样，一个虚无缥缈的方向，愣是说得有板有眼。

这种自信心的崩溃很打击人，于是在合同结束前自己提出了离职。

蔡韬：盲目自信

在华为两年的时候，和主管说，我有离职的想法。主管很诧异，说你干得很好啊，为啥想走？我说感觉两年下来，开始有打杂的感觉了，而且特害怕离开华为我跟不上外面的发展了。现在想想，心里挺惶恐。我的预感有点太早，稍微迟钝一点，就不会错过华为发钱的好时段了，哈哈。

到了第四年，翅膀有点硬了，尤其是专业能力有了很大的进步，加上部门的业务也有了一些调整，一方面是技术上的瓶颈，一方面是项目进度、繁杂事务上的压力。我每天都很焦虑，睡眠不好，记忆力开始下降，有时候竟然记不起昨天做了什么，感觉自己在变笨。那几年公司人数剧增，内部氛围发生了一些变化，胶片、拉通、汇报，新的考评机制加剧了同事间的竞争，关系疏远，反正吧，一系列因素。

决定离开。

回过头来想想，还是对自己能力的盲目自信。单纯地认为，离开华为那些"烦人"的流程琐事，就有精力更好地发挥了，但是低估了平台的重要性。后来我反而成了好多华为同事的心灵鸡汤，把他们劝留了，华为的 HR 应该给我记个奖啊。

杨　树：第一天去华为，先到陆家嘴软件园二楼，大家都在午睡，我又上了一层楼，地上还是睡成一片，关着灯，那些窗户是全封闭的，采光也不好，当时我就感觉，这个环境我应该不会待很久吧。不太符合我的个性。六年以后，我从研发到项目管理，各种能尝试的岗位都干过以后，还是觉得

哪里不对，正好老婆怀孕了，各种因素凑在一起，该是离
开的时候了。

夏　　荷：我老公在友商，我不能在核心岗位、涉密岗位、管理岗
位。我要想有所发展，唯一的解决办法就是老公也来华
为，或者他换家公司。可是人家发展得很好不愿意走啊。

马莹莹：离开的主要原因是没有时间陪孩子。休完产假就一直加
班，因为天天早出晚归，孩子自己给自己断了奶。后来稍
微懂点事了，她每天早上问我，妈妈你今天回来陪我玩
吗？我说不行，她继续问，妈妈，那我睡觉的时候可以看
到你吗？我还是摇摇头……

心　　声：公司帮我做了决定。临近第二个八年，公司通知不续签
了。心里有对未来生活的迷茫，但也有一种卸下重担的轻
松和欣喜。

心　　声：人人都在说"不忘初心"，我也思考了很久自己在华为的
初心是什么。显然华为对我的吸引力只剩下钱，我想是时
候离开了。

心　　声：平心而论，我现在的工作不累，甚至觉得每个月拿这些工
资都不好意思。只是每当夜深人静的时候，有一种莫名的
恐慌，30多岁的黄金年纪，每天混着日子挣点背井离乡
的钱，自己特别瞧不起自己。我也曾经迷恋于500强的光
环，朋友圈里面有人转载公司的各种振奋人心的消息我也
非常激动，但是平静下来想想，越是个体平庸的人越是喜
欢通过自己所在集体的荣誉，来证明自己的价值。其实剥
去公司的光环，自己值几许，只有自己最清楚。

心　声：因为在其他公司工作过，感受过不同公司的文化差异，比较而言，华为无论是制度的完善，还是追求上进的精神、高效的工作习惯，都是非常难得的。华为人大部分直来直去，很朴实。最无法忍受的可能就是工作强度吧，也是选择离开的原因，回到家会很晚，工作已经完全把个人生活挤压掉了。之前始料未及。

心　声：我并不很能回忆起是什么让我痛下决心要离开，细细想来我比其他研发同事劳累程度轻多了，是不是我的精神世界要求太高了？唯一能确定的原因是时间吧，我受不了它占据我太多的时间。加班不可怕，可怕的是加班文化。不休假不可怕，可怕的是不能休假的文化。绩效不可怕，可怕的是只为绩效工作的文化。不升职不可怕，可怕的是不升职就让你走的文化……然而，下定决心离开前，我还是很恐慌。是我主观给华为的工作冠上了一个不舒服的概念吗？是我在华为遇到困难想逃避吗？还是对已知环境的过度依赖而导致了面对未知的胆怯？

02 告别一种生活方式

　　对待媒体的态度，希望全体员工都要低调，因为我们不是上市公司，所以我们不需要公示社会。我们主要是对政府负责任，对企业的有效运行负责任。对政府的责任就是遵纪守法，我们去年交给国家的增值税、所得税是 18 个亿，关税是 9 个亿，加起来一共是 27 个亿。估计我们今年在税收方面可能再增加百分之七八十，可能要给国家交到 40 多个亿。我们已经对社会负责了。媒体有他们自己的运作规律，我们不要去参与，我们有的员工到网上的辩论，是帮公司的倒忙。媒体说你好，你也别高兴，你未必真好。说你不好，你就看看是否有什么地方可改进，实在报道有出入的，不要去计较，时间长了就好了。希望大家要安安静静的。

　　　　　　　　　　　　　　　　——任正非《华为的冬天》

经常有年轻的朋友，还有一些即将毕业的学生问我："要不要来华为？"

说些什么呢？

屏幕的另一边，我沉默着。

华为固然有它的不好，但是它的好更是显而易见的，甚至是你在某些人生阶段所渴望的。但，这还不足以成为一种选择的依据。就像辣椒不足以把川菜和湘菜区分开一样。

应届就来华为的人和在华为待过很多年的人，他们的行为举止、眼神、思维模式甚至生活习惯，都会有深深的华为烙印。很多，是一辈子的。这个世界上，还有哪一家公司，对个人的影响至此？以至于社会给他们郑重地贴上一个个标签，华为人、前华为人……

比华为伟大的公司很多，但是像华为这样特别的公司很少。我相信文化的影响力，但是更相信，行动产生的震慑力。

最后，我回复："选择华为，是选择一种生活方式。"

也许，是华为塑造了这样的华为人。也许，是这样的人成就了今天的华为。

倪云：忍辱负重的华为人

和我共事过的华为人，离开的并不多，其中有一个共事仅仅两周的人。

他先是我们的乙方，在成为同事前就已经打交道一年多了，彼此相熟。来华为后，他也就跟着我们每日午饭后在金桥软件园的湖边散步。我问他，为什么离开收入优渥看似清闲的外企来华为？

他用年长我们五六岁有些老到的口吻说："公司办公室设在苏州，而我的家人在上海，现在孩子也有了，不能总是不着家，所以跟公司申请在上海办公，就我一个人，当然没有办公室了。我就在家办公，其实大部分时候我都在小区里'遛娃'，开始感觉挺好。时间久了特别心虚，就靠以前的那点积累混饭吃，不学习新的东西，哪里还有前途？估计你们年轻人现在还不能理解啊！再说了，这种散漫的日子，人很容易堕落，本来答复一个问题我会花几个小时仔细研究，写详细的步骤，可是人一懒，发现随口说一下别人也接受，那就随口一说了。人都是有惰性的，'细思极恐'啊！"

两周以后，他就离职了。他跟主管说，接受不了华为的文化。再次见到他，还是在那个园区，他跟另一拨人在湖边散步，脖子上挂着另一个外企的工牌。

他不知道的是，两周来，每天带着他熟悉环境、做实验，一起吃饭散步的那个同事，老婆孩子在苏州，他一个人在上海，每周五晚上回去，周一早上四五点起床坐火车赶回来上班，那个时候已经第五个年头了。因为周末回家，所以在上海的日子，天天都加班，那间跟别人合租的简易房间就只是个睡觉的地方。

华为上海研究所，这样的情况非常多，以苏杭为首，周末拼车是例行事件。

这是他完全不能理解的选择，却是华为人自然而然的选择。

顾淮：沉默的华为人

2007 年的一天，午饭后依然是例行的绕湖边散步，老郭不经意地说："我下个周换工号，休息一个周。"

我们几个新兵蛋子都有点蒙，什么情况啊？

"工作满八年的员工按照'N+1'补偿买断工龄，重新入职。"

"这是为什么呢？"

"人多了，组织臃肿，就像电脑用久了一样，格式化一下，运行速度才能提起来。公司要轻装上阵，保持战斗力。"

"有人不续约吗？"

"有啊，很少数……还有一个作用，正好规避了新《劳动合同法》的终身员工制①，都是为了企业发展减负的。"

而后，我们羡慕地看着老郭以及许许多多的"老员工"（老员工那时候可是有钱人的代名词，是既得利益者）在三亚等处度假的消息，心里盘算着什么时候轮到自己。N至少是八个月的工资和奖金，一大笔钱啊！公司可真舍得花钱啊！

不想，就在老郭换工号休假的一周里，外面的质疑声讨已经闹翻天了。

"为什么华为人自己还是心无旁骛地干活，外面不相干的人吵来吵去啊？"新同事一脸"蒙圈"。

"我们都忙成狗了，哪有时间想这个？"

"谁来华为是想着混日子呢？"

"以后就不用见着工号小的都喊'总'了。"

我们绕湖一圈，不咸不淡地谈着项目的问题，谈着租房……

湖水在中午的阳光下闪着光，一株近百年的柳树斜卧在湖面上，一阵风吹过，杨柳枝拂过水面，荡起一圈一圈的水波。几圈后，力量渐

---

① 新《劳动合同法》第十四条规定：劳动者在一家用人单位连续工作满十年的，或者连续签订两次固定期限劳动合同的，除非劳动者提出异议，都应签订无固定期限劳动合同，即成为永久员工。

退，就看不到了，湖水一片平静。

就像我们的心。华为人的世界是有个界墙的，外面的世界，华为的世界。华为的世界水波不兴。

> 胡琼花："经历风雨后方见彩虹"，这句话不仅仅是对华为的成功之旅的概括，更是对每个在华为打拼过的华为人的精彩肯定。经历了全职妈妈那段忙碌又无聊的时光后，再找工作时确实担心被拒。很多朋友安慰我说，华为就是活招牌，华为出来的人在业界认同度很高。确实如此，不论匹配度如何，很多公司都愿意给华为人一个彼此了解的机会。

> 蔡　韬：我最好的年华，也是最容易被雕刻的年华，是在华为度过的，即便我已经离开华为，我还是华为人。华为已经在我身上打下了很深的烙印，无论好坏。我也非常怀念曾经一起奋斗过的同事，怀念那段青春岁月。

> 心　声：我本来觉得我对华为感情不深，恨多于爱。没想到最后一天临近，收拾东西，查电子流，跟接替我工作的"小鲜肉"传经验，再给领导最后发个会议纪要……这些都让我伤怀。那些晚上 10 点办公室还热火朝天的日子，那些为了达成一个指标一帮人奋力拼搏的晚上，那些为了策划一个活动一起忘吃晚饭的时刻……到了别的地方，还有这样的战友吗？还有这种氛围吗？我会怀念这种一鼓作气的日子吗？

> 心　声：再见华为，再见梦想。感谢你一路飞驰带给我无限的风景和阳光，让一个一直光脚赶路的懵懂少年坐上了近乎光速

的动车，走过和到达从来都没想过的时空；感谢你一路带给我的幸福和满足，让一个在偏远教室里望着书本上知名景点遐想的少年的梦想照进现实，国王塔、莫斯科红场、悉尼歌剧院、四面佛、博斯普鲁斯海峡，原以为只会在书籍、电视里见到的画面走进了自己的生活。

心　声：华为像个学校。它教给我的做事方法、为人处世的经验、流程管理的经验是我宝贵的财富。华为也让我看到了，一个复杂的组织结构可能带来的可怕内耗，在最糟糕的情况下要如何把大家组织起来一起努力。抱怨没有意思，我也不后悔，我尽自己的努力适应了华为的环境，但是适应了并不代表喜欢和满足。我想每个华为人都曾经想象过外面的世界。

心　声：华为的好，在于外面的人觉得好；华为的不好，在于里面的人觉得不好。

一位同事这样描述他下定决心离职的细节："经过数月的慎重考虑，最终决定惯例①后，发现居然没有勇气行动。我是一个纠结情结严重的人，一段时间思想斗争后，在家庭的 deadline（最后期限）压力下，今晚必须要行动了。于是点上一根烟（平时不抽烟，特意为这事准备的），深吸了几口，看了看手表，算了算时差（主管在其他国家）。嗯，

---

① 华为人把离职称为"惯例"或者"国际惯例"。

就这个点，而且还是周末，天时地利，于是就拨了领导电话。第一次无人接听，心想不能再拖了，要一把搞定，在房间里面来回踱步了十分钟，又拨了电话，这次成功了。我压抑着自己激动的心情，说出自己的想法，不知道是紧张还是激动，说话时略显结巴，但态度坚决。"

标准的华为人离职前综合恐惧障碍症。

我也经历过这一遭。花费数月下定决心后，我当天一早上都在谋划怎么跟主管表达，什么时机，然后找各种借口拖到下班前的最后一刻，说话的时候还舌头打结。

交融愈深，分离愈痛吧。

作为自由择业混私企的员工，一个普普通通的离职，竟成了人生的重大抉择。

对离职的犹豫，除了因为作为应届生入职、对外面的世界心有恐惧，另一个特殊的原因是，华为就像一艘航母，在动荡不安的自由经济里，它是相对稳固的。我们这些人，或许在上船的那一刻，是抱着生死与共的念头的。越是长相厮守，越是坚信这一事实。不论风云变化，我们的世界都是简单又安静的。每天，每个人，从午休的垫子上起来，拍拍衣服，卷起铺盖，打杯开水，继续干活，视外界为刍狗。我们充分信任公司，相信任总的行业洞察与深刻预见。

这种纯粹的思维模式，大约要从"给父母洗脚"开始。

大队培训的时候，每个人发了一本华为文集，主要是任总的讲话。《我的父亲母亲》《北国之春》《华为的冬天》等文章都在其列，任总的行文风格，就像你身边可以信赖的长者，质朴、没有高姿态、不讲大道理，看了心里特别踏实。他提倡给父母洗脚，《华为人》报也经常刊发这样的文章：一位父亲给经常出差的儿子小心翼翼擦拭电脑键盘的故事。

对于一位德高望重的长者，我们相信他所说的话都是对的、有分量的。

从此，和我们日常工作相伴的，是一个又一个的故事。

关于工作意义的"修教堂"、精益求精的"降落伞"、区别于螺丝钉的"工匠精神"、质朴的"布鞋院士"李小文、美丽背后的"芭蕾脚"、艰辛付出的"千手观音"、不确定性的"黑天鹅"（深圳、上海几个园区专门养了几只）、海外艰苦环境的"蚊子龙卷风"与温情的"牵手"……

微信横行之际，任总签发转载《川大校长毕业致辞：别总把精力耗在刷微信上》。

大家对奔赴一线颇有微词之际，金一南《胜利的刀锋——论军人的灵魂与血性》横空出世，里面有一段对话是这样的：

邓小平第一句话："今天谈话凭党性。"

张国华回答："一切听从党安排。"

邓小平："×××不去西藏，你指挥部队去。"

张国华："坚决完成任务！"

陈培根在《理性与平实》中写道：15万个性格独立、思想自由的高学历知识分子，被改造成价值观统一和行动一致的商业战士。

在一种统一且长期认同的价值观里待久了，当碰撞到新的或者不一样的价值观时，难免产生自我怀疑，纠结再纠结，分离就像撕裂。

终于决定离开了，身边的人会羡慕地说："好有勇气。"是为敢于离开这艘稳定的航母，放弃人人羡慕的高薪，走向不确定性的称赞。然后不忘补上一句："出去好好做人！"这是为他们自己说的。

跟离开军队的人有同感，"当了兵后悔几年，不当兵后悔一辈子"。靠牺牲人性中的所有要素来培植一种要素。身体在血脉偾张的同时也在抗议。一旦脱离这个环境，那些淬炼出来的特殊品质又弥足珍贵。有机会释放人性中的其他要素了，赶紧释放，他们都好像从我们转身的背影里看到了自由。

人的本性是惰怠的，华为的管理，在最大程度地压制这种惰怠。所以任总说，真正的人力资源策略都是反人性惰怠的。

他曾经自曝："进了华为就是进了坟墓"，而后这样诠释："有一篇文章叫《硅谷：生机盎然的坟场》，是讲美国高科技企业集中地硅谷的艰苦创业、创新者们的故事的，它'埋葬'了一代又一代的优秀儿女，才构建了硅谷今天的繁荣。华为也是这样的企业，也是无数的热血儿女，贡献了青春与热血，才造就今天的华为。现在再来想一想，马克思说的'在科学的入口处就是地狱的入口处'，会多一些理解其深刻的内涵。就是说，要真真实实地做好一项工作，其艰难性是不可想象的。要突破艰难险阻才会有成就。任何做出努力、做出贡献的人，都是消耗其无限的生命才创造了有限的成功。华为要想追上西方公司，无论从哪一方面条件都不具备，而且有些条件可能根本不会得到，因此，只能多付出一些无限的生命。高层领导为此损害了健康，后来人又前仆后继、英勇无比。成功的背后是什么，就是牺牲。"

新员工曾问："在华为，平衡工作和家庭的关系，您是如何处理的？"轮值 CEO 郭平说："我觉得这是一种人生的选择，我去西点军校参观过，西点的学员告诉我，说他的第一年只允许说三句话，'Yes, sir''No, sir''No answer'。所有训练都非常紧张，西点军校是全球产生高管最多的学校，远远超过其他的学校。在这里工作和生活的平衡，最重要的是你自己的一种选择。华为比社会提供了更高的报酬，但这种报酬也要靠自己付出才华和努力，因为华为不是一个福利社会。我今天能让我的家人过上富足的生活，让亲戚朋友为华为感到骄傲，在华为全球化发展壮大的过程中起到重要作用，即使付出多一些我也觉得很高兴很值得。"

是的，选择华为，就是选择一种生活方式。

在别的企业，你或许可以安于做一个普通人，在华为，没有这个选项，大潮会推着你，用你喜欢或者不喜欢、习惯或者不习惯的方式往前，或许，还要将你推到一个不喜欢的方向和位置，尽情磨砺。而它同时会给你这个阶段你所渴望的东西。

第四辑

围城之外

我步入丛林，因为我希望活得深刻，吸取生命中所有的精华。把非生命的一切都击溃，以免当我生命终结，发现自己从没有活过。

——电影《死亡诗社》

01 中年危机

> 年岁有加，并非垂老，理想丢弃，方堕暮年。
>
> ——塞缪尔·厄尔曼《青春》

"中年危机"这个话题是什么时候开始引爆的呢？

大概是 2017 年初，深圳一位自称某著名通信公司的员工发了一个帖子，大意是：工作十年，基层员工，被辞职。离开原来近百万元的年薪后，找个两万元月薪的工作都难，况且就算找到了，这点钱都不够还两套房贷的，还有老婆和两个孩子要养。

一时网上热议不断，舆论哗然，中年危机、资本家卸磨杀驴，什么都出来了。又一次把华为推上了风口浪尖。本来一直在职场上稳扎稳打的华为人，一下子迷失了，感觉出来找不到工作，内部又是两千将士赴一线、34 岁裁员，一时人人自危。对呀，连公务员报考条件都赫然写着 35 周岁以内。社会其他职场人士，扪心自问，个人的竞争力在哪里？一下子被戳中痛点，也都不自主地把自己带入失业的情景，可谓哀鸿遍野。

曾经觉得会飞的年轻人，站在 30 来岁的坎上，突然发现，自己还在地上，并且不得不承认：我其实就是一个普通人。

当个普通人也就罢了。可是，无处不在的网络媒体大肆传播着 A 轮、B 轮的神话，人工智能对未来职业的威胁，社会变革，商业模式更新……30 来岁，就好像要被世界淘汰了一样。再审视自己的皮囊：

体重没增加，但是原来的衣服穿不上了；

柜子里衣服不增，增的是满地的落发；

周末的早上再也没有懒觉了，生物钟自觉与日出同步；

原来通宵补觉就缓过来了，现在几天都生不如死；

颈椎疼，疼得抓心挠肺；

喜欢上粗茶淡饭；

开始跑步；

…………

"年轻的时候，他在拳击场上拼打，斗了一个回合又一个回合，越打越凶，越战越勇，被打得靠在绳子上，转眼之间又把对手逼得靠在绳子上，在第二十回合中进攻得最猛烈，令全场观众激动得起立呐喊。这时候他出拳更快更狠，打击，躲闪，一拳紧似一拳地出击，同时还要承受打击，他的心脏毫不停歇地给血管送去大量血液，为他的取胜立下了汗马功劳。每次拳击时胀起来的血管，事后都要缩小下去，恢复原状。但是每一次的变化都把血管变粗了一些，日积月累，便成了现在的样子。他端详着自己手指的残废关节，不由得想起这双手在过去曾是多么漂亮优美。"

一百年前，杰克·伦敦通过《一块牛排》传递了这个主旨："青年总会有办法。"

"说得不错，青年是复仇女神，他们总是在消灭老家伙，可他们根本不想一想这么干也是在消灭自己。他们的血管在逐步扩张，关节也在不断损坏，在更年轻的人面前变得不堪一击。从这个意义上来说，拳击场上青春永驻，然而，拳击手们却一代又一代地衰老下去。"

二十年前读来，只是一味同情老拳击手，那是暴力下的黑暗岁月，他曾经也是拳王，也曾所向披靡。但仅仅是悲悯，不知青春若惊鸿，衰老朝夕可至。

二十年后，一个工业科技日新月异的时代，我自己也身在科技行业，明明是太阳底下鲜亮闪光的行业，人人靠脑力劳动谋生，那些曾经雄心勃勃的眼神却开始传递"唉""就这样吧""混着呗"……眼里的光渐渐模糊。脑力劳动，也是可以被年轻旺盛的生命所替代的，年轻，更廉价，更一无所顾，更富有创意……和那个年轻的拳击手一样，尽管缺乏经验，但是更有力量。

青春，能打败智慧。因为它还在生长，在更富营养的环境下疯长。

我问到张彻这个话题时，他不屑一顾："这个世界比你所看到的还要残酷，我们这些没有背景、没有资源的人，除了对自己下狠手去谋取更好的生存环境，还有别的办法吗？所以我一直都在危机当中。人到中年，责任更重，只能全力以赴，没有心思去想这个问题。"

这就是"真正的勇士，敢于直面惨淡的人生"吧！

汤姆波：被离职的螺丝钉

我是研究生毕业进的华为，写代码出身，工龄十二年，合同到期不续签。

我从小不善言谈，作文写得也不好。当时能进华为我觉得挺幸运的，工资给得不错，人际关系简单，主要是，也不需要接触社会。这里什么都有，商店、食堂、健身房、机票系统、酒店系统，部门还时不时组织个运动啥的……我只要一门心思工作就好了。

　　我和老婆都来自农村，她的家人、我的家人，都以我在华为工作而骄傲。每次回家，村里的人看我的目光，怎么说呢，跟我小时候考了高分，父母看我的目光一样，充满了希望。那个时候我挺心虚的，老怕自己下一次考不了高分让他们失望。现在一样心虚。我这朵贫瘠土地里开出的花，在他们心中光彩夺目，可是往大城市一放，我只是每时每刻都会被人群淹没的那一粒微尘。

　　从小，我就相信知识改变命运，这也是家庭唯一的希望。可是这个"知识"，在我们那物质贫乏、思想更贫乏的山村，就只意味着考试成绩。我始终相信，课本上的东西就是知识，全部的知识。在我读大学以前，没有见过课本以外的书。

　　因为物质的匮乏，因为背负的希望，我整个求学过程不安又焦虑，一直选择保险的、好走的、代价小的路。比如做试卷，保证简单的题不失分，特别难的留在最后碰运气；平时的训练中，也是优先把简单的知识点掌握到烂熟，再去搞复杂的；高考填志愿，我会留很大的余量，不会想着够一够更好的学校，避免失利；选专业就挑最好就业的；找工作的时候，也正好碰上华为大收割，有保障，就来了。

　　归根结底，还是因为没有退路。

　　进了华为，就像进入一个社会属性单一的世界，这一点很符合我的个性。本来，在大学，有一些价值观的转变初现端倪，比如学习成绩在大学已经不是对一个人判断的唯一标准。那些有才艺能在舞台上说唱逗乐的，那些在运动场上飞扬跋扈的，那些口才一流或者大学期间就会做生意赚钱的，都有令人倾心之处。还有相貌，虽然在传统价值观里一直不提倡以貌取人，但是实际在感官上冲击特别大，光都往那打。学习成绩只是评价一个人的一部分。但是在华为，只要把工作做好就行了，大家普遍不注重穿衣打扮，更没有时间探索精神世界。这种价值观于我是顺水行舟的，我喜欢这种简单，喜欢加班，绩效好了，能多拿不少钱。

讲了这么多题外话，不是为了博得同情，我是想说一个问题，我一直活在生活之外。读书的时候只读书，工作的时候只工作。整个人就没有"长开"，你知道吗？我相信我大脑的很多细胞是没有发育的——那些通往其他社会属性的细胞。

这也就导致了后面的问题。

大家都是985、211高校毕业的，谁的智商又能比谁低到哪去，在这里就拼两点，一个是情商，一个是勤奋。我两样都有问题。

先从勤奋说起吧。不是加班就叫勤奋，勤奋也是有方法的。我一直选择好走的路，工作以后还是，那就是做简单的事、容易的事，真的是把人性的本能"一切简单化"发挥到了极致。一个版本的维护，琐碎杂乱，我不嫌；一个升级的版本，只是老的代码做一些调整适配，后期测试工作量巨大，我也乐于接受；抽到资源组做告警梳理……我就一直在这些没有本质提升的执行任务里一年一年加班。主管摸清了我的脾性，很少把复杂的东西给我，我在操作执行的路上越走越远。这应该是自己进入了舒适区。我开始有些浮躁，看不清路，个人也没有明确的目标，工作很难沉下来，对于需要潜心钻研的技术缺乏必要的耐心。这样下来的结果是看起来各项工作完成得很快，但基本是就问题解决问题，缺少主动思考、改进，输出也就缺少可圈可点之处。技术任职答辩没有能体现个人价值的关键技术，往上升就成了困难。

直到有一天发现，和我一起工作的都是"90后"了，我才意识到，什么是所谓的核心竞争力、主航道、可替代性。

再说情商。因为一贯的自卑，我打心里觉得自己没有周围的人优秀，在有机会争取升级的时候，我总是往后缩。还傻傻地抱着一种念头：如果我真的足够好，主管会看见的，他会为我争取；自己为自己争取晋升是可耻的。可是如今，我比同龄人的平均职级低了，是被视为不思进取的，会影响部门积极向上的氛围。而我也看到了晋升的好处，哪怕是揠苗助长式的，责任大、压力大、眼界高，自己的能力才能更快提升，还不只是钱和声誉的问题。

王小波说："人的一切痛苦，本质上都是对自己无能的愤怒。"这是我自身的无能。

当然，我也比较迟钝，自认为这样兢兢业业也没什么问题。特别是 2014 年以来，公司发展突飞猛进，大家又是加薪又是发大额的奖金，人人都欢欣鼓舞，我也乐在其中。5% 的末位淘汰其实一直都有的，只是主动离职的人在健康范围内，自然流动差不多就把指标占了。华为主动离职也有"N+1"的补偿，所以背个指标也无所谓。只是没想到，这两年，行业整体衰落的时候华为却高歌猛进，主动离职率低了，这 5% 就真用上了。

公司没有来自官方的裁员一说，但是有一些政策的变动增强了人员的流动性。大概三种途径吧。

第一种，最先发酵起来的，2016 年 10 月份，2000 位研发高级专家和干部出征海外。官方的说辞是，华为的人才发展路线是"之"字形，大家要在不同的岗位锻炼，要求部门输送优秀研发人员去一线，走进客户，抓住新的机会窗。还有个职级要求，17 级以上。研究生毕业进华为是 13 级，正常晋升速度两三年一级，到 17 级大概十年，也就 35 岁左右了。这个以前一直有，我也参加过几次来自一线行销总裁的宣讲，给大家讲海外机会和福利，鼓励大家出去干一番事业。宣讲完可现场面试，合格的就会到深圳培训，等待外派，以前是有不少人去的。估计还未达到预期数量吧，这回直接把指标分到部门。要求是要优秀员工，实际操作的时候就不好说了。培养一个得力的人多难，哪个主管会拱手相让呢。

第二种，45岁退休政策有所调整，以前是针对有杰出贡献、身体有恙不能在公司继续奋斗的老员工的福利。想退休要申请，大部分员工都是不好意思申请的，毕竟对公司有特别贡献的人不多，大家觉着不干活还保留股票拿分红都不好意思，当然，以前公司45岁以上的人也很少。我们看到身边的老员工申请到退休都是一脸的羡慕啊。现在到了45岁想继续工作要申请。HR会提前识别出个人价值，有价值的续约，其他的沟通退休。宁愿支付每年可观的股票分红，也不愿意让组织僵化。限制是，保留股票退休后不能再在竞业岗位工作。

第三种，部门人才流动僵化，末位淘汰凸显。有时候淘汰的并不是绩效最不好的，主要是在那个当口儿上，正好你的合同快到期了，不续约。如今，合同到期是要答辩的，答辩通过会公示，再续约。

我所在的大部门有三五百号人吧，有五个被点名去一线，其中的两个迅速动用人脉，通过公司内部招聘平台去了其他部门。两个服从组织出去了。还有一个自己离开了公司。这个年龄段的人，上有老下有小，刚刚解决生存问题奔了小康，家里的沙发都还没坐过几回呢，所以对出去比较抗拒。更重要的一点是，在机关待了十年左右的研发人员，在一线如何生存，研发人员心存疑虑。有人编了个顺口溜："语言关，业务关，文化关，关关是坎，处处是坑。不是研发兄弟太单纯，只怪一线套路深。"一线人员也恐慌，一下子来这么多所谓的专家，那么他们的岗位不就要被挤压吗？到底是"炮弹"还是"炮灰"，争执不下，那段时间内部解读就是变相裁员，送出去的人绩效不好自动走人。但是我个人不这么认为，这个过程是很耗成本的，公司没必要如此大费周章啊。任总亲自参加出征大会，授予将军令，发表了《春江水暖鸭先知，不破楼兰誓不还》的讲话："炮火震动着我们的心，胜利鼓舞着我们，让我们的青春无愧无悔吧。春江水暖鸭先知，不破楼兰誓不还。"我们在内网看直播也是热血沸腾啊！这些声音还铿锵有力地回荡在每个人的心里。像这样的高级干部专家奔赴一线的誓师大会，2000 年就搞过一次，标语是"青山处处埋忠骨，何须马革裹尸还"。也许是很多政策执行到基层变了味吧，反正有些员工在短时间内被破格晋级，然后送出去。这事，最后落实到每个人，就成了小家还是大业的取舍。

还有三个 45 岁的老同事光荣退休了。不比以前，能退休是荣耀，现在不退休是荣耀，所以也没有那种欢庆的气氛。好在他们这辈人都在公司待了近二十年，基本财务自由，倒是没有经济负担。我知道其中的一位孩子也上大学了，他跟夫人成天游山玩水，精神面貌特别好。另外两位又在其他行业找了工作，继续发光发热。

像我这样不续签的还真是比较少，可能我们部门流动性太小的缘故吧。如果多给些时间，我还是有机会通过内部招聘去其他部门。华为公司就像一个小社会，部门间的发展也很不平衡，一直有部门扩张，内部招聘时常有。

2017 年年初，这些事情发生得有点集中，人人都说主管手里有份耗尽脑细胞的短名单，就像阎王的生死簿一样，生杀予夺全在上面。

终于轮到我了。

其他同事说，每天都在等着另一只靴子砸下来。

得知不续签的消息以后，我已经无心加班，但是也不想回家，我不敢面对妻子、孩子和老人，我一直是他们的骄傲。倒不是因为经济压力，是觉得被迫离开这事听着没面子。我也怕他们不适应我不加班的日子。这么多年来，我加班，他们踏实。

离开华为后，我休息了三个月。每天早出晚归佯装上班，找个咖啡馆或者图书馆一边在网上找工作，一边学习，以前在华为惯用的语言已不足以在社会上竞争。找到现在的工作后，我带着家人出去旅游了一趟（以前都是他们自己去，我很少休假），我跟老婆说，我就像煎鱼的时候翻了个面，正过来了。

说实话，走出去吧，发现自己的经济状况尚可，做事情也形成了自己的套路（这点是在华为不知不觉练出来的），效率还是比较高的。现在入职新公司几个月了，有挑战有认可，我个人的自信心一点点起来了，也在有意识地做些不一样的事，感觉那些没发育的细胞正在扩展。

我想对像我一样的华为人说几句话：

1. 出来找工作不难，难的是摆正心态。

2. 老板说过的话，大多是为企业发展服务的，但是有一句绝对是对员工掏心掏肺的——"多读书"。

3. 这个世界上有很多种生活方式，不要钻在自己的牛角尖里。

4. 华为是家有危机感的公司，这是好事，虽然搞得大家心生惶恐，但是它可以活得久一点。现在有一些公司，嘻嘻哈哈，说发不出工资就发不出工资，这才叫不负责任啊。

罗镇远：被房地产绑架的"危机"

朋友们见我都说，我从华为出来的时间早了点，错过了分钱的大好机会，但是出来的又很是时机，因为我成功解决了自己的中年危机。

不单是华为，即便在外企，你没有一个很好的岗位的话，也难以安安稳稳待到退休。一个朋友在知名外企，上面四个老人，下面两个孩子，正面临职场不顺。他进入职场的这几十年，算是赶上了好时候，职位一直在上升，随之而来的是稳步上升的强劲现金流。没想到，这几年行业步入暮年，个人的职位触顶，收入已经三年没什么明显变化了。他说，自己不能失业，失业家里就玩不转了，房子直接断供，瞬间崩盘的感觉。

又是房子！之所以危机感在我们这一代如此严重，我想，跟房地产脱不了干系。我是 2002 年来上海的，那时候浦东核心地段的房子每平方米三四千元，我眼瞅着它一路飙到十万元。这段时间正是"80 后"进入社会，拼命工作买房结婚的时期，赶得巧吧。大家几乎把所有收入都投在了房地产里，还有大额的贷款。就连父母为数不多的积蓄也在为儿女提供首付时流入了房地产。

我有时候想，要是这几百万我不拿来做买房子的首付，生活质量多高啊！还会乐哉着呢。但问题是，没有房子户口没着落，会牵扯孩子上学等一系列问题。在当前的大环境下，房子不仅是拿来"住"的，它具有商品属性，还自带多种社会资源，通过一套房子来获取这些资源，是最简单直接的。

前阵子流行一句话：为什么你月薪三万元还没有月薪五千元的扫地阿姨有安全感，因为她有五套房子，而你有两万元房贷。虽然经不起推敲，却也不无道理。我身边有几个朋友，早些年价格低谷期倒腾房子，手里握着学区房、出租房甚至别墅，就不焦虑啊。虽然他们工资收入不及我的一半，到现在还是基层员工，但因为空闲比较多，一直走在投资理财的路上，收入来源比较丰富，并没有觉得一个职业就能把人吊死。

但是大部分人并没有那么幸运，被房子折腾得无解，只能熬。

表面看起来，我们拥有很多，手上有房有车，干着别人眼里体面的工作，管着几个人。但是夜深人静一想，发现自己一无所有！

现在的收入和未来二三十年的收入很大一部分是银行的，孩子要读书，老人要看病，不失业就不错了，还拿什么追求理想？！

汪子涓：企业的人力资源体系

我现在所在的公司属于美资，不过在中国发展这么多年已经相当本土化了。HR 和 manager（经理）的一个重点工作：挖掘有潜力的人才并建立人才培养库。人才培养库是为各个团队的 leader（主管）建立相应的干部梯队，同时也会为每一个员工做清晰的职业规划。这个员工短期和长期的发展目标，优势和劣势，距离发展目标的差距，并制定具体的计划帮助员工发展和进步。这样出来的人，即使没有达到公司的目标，但是每一天都在成长，心里不慌。哪一天公司遇到了危机（系统性的风险），出来都还是有机会的。

前一阵子我在公司碰到两个华为的前同事，他们过来应聘一个比较基础的职位，我有点震惊但是不意外，认识他们快十年了，都是做事情勤勤恳恳，但是不会超出你的预期的人，数十年如一日。我就过去跟他们聊，有没有想过这个职位对他们的价值，他们能带给这个岗位什么价值……发现他俩都挺茫然的。

作为招聘者，你会对这样的员工心存偏见吗？因为华为公司一直在澄清，没有裁员，只是自然淘汰。很多离开者有这样的忧虑：用人单位会不会歧视？

其实并不会。员工离开一家公司或者被离开，很多时候是双方的契合度对接不上了，不是单方面的问题。还是按照正常流程，评估价值，合适了就录用，按照价值来支付薪水。我能给多少钱，你能否接受。公司的本质就是这样的，只是在不同的企业文化里，灰度上有差异。

我们公司招人的标准：积极主动，上进心强，有责任心，能持续驱动结果，对自己高要求。一招进来，就是带着人生目标的，而且晋升通道很透明。我这个年龄成为 manager 就是不早不晚，即使暂时没有岗位，也会进入短名单。前面有人走，后面就能补上。如果到了一定年龄，自己很努力了，级别没上去，不管是管理岗还是技术岗，都应该主动思考一下原因所在。

但不是每个士兵都想当将军的。我们公司比较人性的一点是，会为一部分 mid performance（表现一般）的人提供生存空间，允许你在普通岗位长久地做下去，只要持续为公司贡献价值。到了 35 岁，非技术人员大部分在管理岗。技术岗上，35 岁以上的基层员工至少占一半，这里的企业文化不会把人当作和设备一样的资源，强调物美价廉。所以技术类的员工危机感不是很重。

当然，危机感，也是取决于个人的核心价值。天花板谁都有，危机不是来自天花板，而是来自个人成长的动力，自己是不是在持续成长。如果在一家公司遇到了天花板，换个位置是不是就突破了呢？也有一种情况，你在这家公司碰到了天花板，是不是因为自己停止学习了呢？所以，在个人职业发展的规划上，除了企业应负的责任外，个人也要自我审视。

倪　云：专业人士预测的未来是这样的：知识更迭的周期从五十年、二十年，缩短到五年、三年，就是说，大学刚毕业知识就落伍了；二十年后，全球逾 20 亿个工作岗位都将消失；人们不仅仅是要换好几个工作，甚至要换好几个行业；过去是"三十年河东、三十年河西"，未来则是"三年河东、三年河西"，一生中会遭遇几十次大的变化……在这个时代，"危机"就是常态。

顾　淮："中年危机"完全在于当事人是否过着自己想要的生活。一个看似辛苦的人未必会产生中年危机，一个活得很顺的人未必感觉不到中年危机。

蔡　韬：没离开过华为的人，不曾在外面试过水，比较过，完全不知道自己的斤两，往往把自己看得很轻。甚至把对工作的质疑变成对自己能力的质疑，出来转一圈发现自己还是有价值的。

张　彻：我看过一个分析，说是年轻时就换过工作的人，不太容易在中年时遭遇危机。我这样理解啊，当你感觉到不对的时候早点做新的尝试，不然到了中年容易"积重难返"。

心　声：我在面试过程中被普遍问到，离开学校后，你进行过哪些系统的自我学习？

心　声：我公司不少岗位的设置在外界都不通用，很多工作经验就是为了适应公司这套体系而服务的，导致工作经验越多越离不开这个平台。要时刻提醒自己与时俱进，注意培养个人竞争力，毕竟几十年的职业生涯中，只在一家企业待着的可能性还是很小的。个人的价值和竞争力需要在公开的人力资源市场上去做衡量。

记得 30 岁来临之前，春天的一个午后，我坐在阳台上，喝茶、晒太阳，手里捧着一本《沉默的大多数》，当我读到这一段，"傍晚时分，你坐在屋檐下，看着天慢慢地黑下去，心里寂寞而凄凉，感到自己的生命被剥夺了。当时我是个年轻人，但我害怕这样生活下去，衰老下去。在我看来，这是比死亡更可怕的事"，那种长期紧绷的神经突然松懈下来的幸福感一瞬间被击溃，心里就空落落的，像陷入一片沼泽，从那种情绪里拔不出来。书也读不下去了，抱起电脑写下一篇文章《不成长的烦恼》：年轻时那种骨骼铮铮作响的膨胀感消失了，取而代之的是一种乏力感。

于是在很长一段时间里，我被"三十而立"的问题困扰着。这或许就是人到中年的开始吧，旺盛的生命力不再了，个体面临的不是生长的问题，而是方向。就像一条河流，从崇山峻岭间奔流而下，现在到了平原地带，流速减慢，河道变宽分叉，还时不时遭遇人工大坝的拦截。

随后，我发现身边的很多朋友，一段时间不见，身份就变了。

Y 先生，在运营商干了十年，跑去做基金经理。无独有偶，另一位体制内的朋友，也做了同样的选择。想当年，他的母亲为了他能进这家旱涝保收关系民生的单位，可是选择了提前退休。但是几年后，他义无反顾地离开了，为了自己未竟的野心。

W 先生和 G 先生，都是在自己的领域工作了几年选择创业，第一次创业未竟，又加入初创公司。他们目标明确，就是要跟着公司从无到有成长壮大。所以你能看到两个加班加得不亦乐乎还热血澎湃的中年人眼里燃着的小火苗。

S 先生，当年的学霸，丢掉微软的光环从美国回来了。他说，我都能闭着眼睛数接下来的活动：三文鱼节、摘南瓜、坐马车、万圣节要糖、感恩节、滑雪、圣诞节、元旦、春节、又一年……"万恶的资本主义"生活太安逸和按部就班了！他想在热气腾腾、充满不确定的国内寻找机会。

全职妈妈们开始探索教育、心理学、瑜伽；身居公司中层的闺蜜，不约而同在职读了 MBA（工商管理硕士）；几位在体制内沉默的朋友，兼职代购、直销、舞蹈老师、写作、演话剧……各种职业以外的潜能又出来风光了。

他们都是行动派，通过扎扎实实的行动主动出击。虽然也有焦虑，但是感觉不一样，有实体目标的焦虑，总有路径可达。

人之所以感到危机，本质上是因为感觉不到成长，哪怕是缓慢的成长。不管在职场上是什么职位，每个人在心里都会跟周围比较，给自己一个价值评判。只要长时间停滞不前就会恐慌。罗素在《幸福之路》中写道："人们所说的生存之战实际上是成功之战。当他们战斗时，他们怕的不是明天会吃不上早餐，而是他们没有邻居强。"我们的危机感在于，能否维持并不断推进现有的生活。于是有行动力的人，开始向各个方向突围。没有行动力的人，被一种虚无的焦虑感笼罩着，因为没有目标，就像找不到对手一样，挥起的拳头无处落手，打出去轻飘飘的。

好友在 36 岁生日的时候说："人到中年，渐入佳境。"这个年龄，不可掌控的事情很多，但是能掌控的，不是更多么？中年又不是这个时代特殊的现象，为什么会爆发群体性的危机感？

客观来讲，跟科技有关，它加速了社会的变革，原本几代人才会出现的结构性变化现在缩短到一个人的职业生涯就会出现不止一次。而这个时候，知识阶层成了社会的主力，拥有话语权，一个声音就能引发一场情绪上的雪崩。

主观原因，成长过程中遇到的困难太少了，什么脱离常规的意外都成了困难；高考为我们带来的命运转变，想当然地以为能用一辈子；生活态度以守为主，缺少主动进攻。

从另一个角度，乐观派又会有积极的解读。

我接触过的很多全职妈妈，曾经在温水里挣扎却没有勇气突破，直到孩子到来，被逼转换角色，最终以另外的方式绽放。

再看中年这个尴尬的年龄，人生的很多可能性这时都结束了，就像关在一间没有窗户的屋子里，看不到光。这种境况之下，任意形式的打破限制都是解脱，人们往往会更孤勇地抓住剩下的可能性，更深入地投入其中。因为"闷头走下去就是死亡"。

02 革命之路

> 有些人能清楚听见自己心灵的声音，并按这个声音
> 生活，这样的人，不是疯了，就是成了传说。
>
> ——电影《燃情岁月》

离开，是因为内心不平静，或者也可以说是焦虑。怎么形容呢？就是无时无刻不在怀疑当下所做的事情的价值和意义，不能静下心来把事情舒展开了一点点来做。有种踩在沼泽上的感觉，停不下来，停下来就会陷得更深，但是走在上面一直没有安全感。

赖以生存的技能所需的土壤太特殊，这项技能不具有普遍意义，会被淘汰，容易被替代，没有竞争力……又或者，所有的苦苦维系根本不能带来热情。任何一项，都会带来不平静，带来焦虑。

如果感到不平静，一定是走在错误的路上了。

如今人到中年，喜欢谈论同学，试图在熟悉的人身上探寻成长的密码。经常听到这样的感慨："那小子，当年真没看出来啊！"那些你没看出来的现在小有成就的人身上有什么共同点呢？就是一直保持学习和进步。有些人，高考就是他人生的巅峰，天赋肯定有，但不是主动选择的结果，是被推着走的；有些人，高考结束后，才进入了人生的起点，因为这时才有了自由的空间，才能展开主动的人生模式。而主动的人生模式，就是自我认知的路。

我们经常被摩西奶奶之类的高龄老人的故事所激励，然后缩回去告诉自己，等我老了、退休了、衣食无忧了就开始……

很多时候，选择已经在潜意识里了，只是缺乏自己的倾听和一点点飞离地面的勇气。

电影《革命之路》里有一个片段：30 岁生日那天，弗兰克似乎特别暴躁，他想起了他的父亲，一个曾经在他所在的那间公司上了二十年班的无名职员。"当我小的时候，我爸每年会带我出去吃一顿大餐，可我那时想的是，'我长大了一定不要像你这样'。"

事实上，这就是我们大多数人最终的样子。

焱公子：一事能狂便少年

昨天下班的时候，我协助现公司老板完成了对外宣传胶片的初稿，我们的设计师也完成了公司 3D logo 动画的设计。

整整一天，我们拜访了四位不同行业的领军人物，从电商、实业家到创业孵化园负责人。他们中有的人比我大上几岁，有的同龄，但他们的阅历、风采和谈吐却非我能及，无一不令人折服。也是因为这面对面的接触，我才更清晰地认识到了自己与真正优秀的人的差距。

这令我深受打击，却也倍受鼓舞。

在接下来的几天内，我们将对接好所有的资源，并启动公司第一部微电影作品的拍摄。

因为才刚起步，所有的基础工作都在紧张铺陈，纷繁庞杂的信息时时奔涌而至，现在的每一天都很忙碌，有太多的东西要学，有不同的人要见，但同时又充满着期待和想象。这是我所喜欢的状态。

在去年九月中旬刚从华为离开时，我想过自己的职业生涯或许会发生很大的转变，但其实还没有想过会有这一天。

在此之前，我在通信圈沉浮十年，从 E 公司到华为，从网优工程师到网优项目经理。

我的工作很单纯，就是无线网络优化，从 GSM 到 WCDMA 再到 LTE。

我的圈子很单纯，就是移动通信圈。对口的客户群体也很单纯，就是通信圈网络侧的那帮人。

我的生活更单纯，一天二十四小时开机，核心只为一件事，全力保证网络质量令用户满意。

拿着几十万元的年薪，管理着上百人的团队，顶着世界 500 强的光环，做着并不十分复杂的事情，所以我为什么要走呢？

英国诗人布莱克有诗：

在我遇到的每张脸上都有一个标记

那是缺憾的标记

那是悲伤的标记

说白了无非三个字：不甘心。

30 多岁了，这辈子如果有机会，要按照自己的想法好好地活一次。如果一直干下去，收入什么都很好，但是一眼能看到底。再过五年，也许收入翻倍，但是烦恼只会有增无减，心里不踏实，干脆出来试试，不想以后回过头来嘲笑自己。

人生苦短，何必憋屈？

所以我终于下定决心，拍屁股拜拜了。

钱的确挺重要的，但如果能既顺遂自己的心意，又把钱赚了，岂不更好么？

我一直觉得，我不特别。

至少我不是个信念坚定到不可动摇的人。

虽然我刚离职的时候是很乐观的，但随着时间的推移，我发现 E 公司和华为的光环也仅仅局限于业内，离开了行业，厉害的依然是公司，跟个人并没有太多的关系。

换句话说，我要依靠我的网优专业技能找通信圈以外的工作，还要同时保持较高的待遇水准，在我所在的这个三线城市，几乎是不可能的。

我一面咬牙坚持着自己所谓的理想，一面也在经受着为人父、为人夫的职责考验，最沮丧的时候，我甚至忍不住给以前圈子里的朋友打电话想重操旧业，真的只差一点就退回去了。

毕竟理想不知道哪天实现，但房贷、奶粉、尿布却是每天真真实实的存在。

回想起来，我曾经妥协过很多次。

读高中时我第一次接触电脑，有生以来玩过的第一款游戏是《仙剑奇侠传 98 柔情篇》，剧情深深打动了年少的我，也让我萌发了第一个有关未来职业的憧憬。

我当时梦想做一名游戏设计师，写自己喜欢的剧本，并把它做成游戏。

于是我报考了计算机专业，但是修完四年本科后去北京找工作，却阴差阳错地踏进了通信圈。

其实也不算阴差阳错，我手上也拿着几个计算机公司的 offer，只是

E 公司给的待遇远远高过了那些公司。

是的，我为了一份较高的待遇，轻易放弃了自己少年的执念。

在工作满五年的时候，我逐渐有些厌倦了网优工作，我开始在 MSCBSC（移动通信论坛）发帖，写了大量的文章，比如《我看网优》《五年工作给我的五点体会》《我在网优项目中遇过的客户类型及应对策略》等，当时还引起过不小的反响，那是我第一次萌生想离开的念头。

然而我没有付诸行动，因为我没有想清楚自己离开后能干什么。

在工作满七年的时候，我因为家庭原因调往西区，那是我第二次想借机走，然而我还是没有行动。因为我担心离开后找不到比 E 公司待遇更好的工作。

后来八年半的时候我终于离开 E 公司，我以为自己应该就离开这个圈子了，谁知道懦弱的我，转头又进入了华为。

因为跟外面相比，华为给的待遇的确超出了预期。

每个人身上具有的软弱与犹豫，以及面对现实的妥协，我也有，一点儿也不比别人少。

坦率地说，我能够跨界成功，某种程度是一种运气，但从另外的角度讲，也有着某种必然。

在工作以外，我喜欢写作，特别忙的时候会停下来，但是断断续续坚持着，从工作至今累计也写了不少篇幅。

你可能会说：这不结了么，既然有这种才华和长处，很多事情不就顺理成章了么，还说什么！

这显然是不负责任的说法。

谁天生就会写作？谁天生擅长奔跑？谁天生就有勇气？谁天生无所

不能？

这世上的确有人天赋异禀，但我显然不属于那一类。我这些所谓的才华或特长，在我看来无非是因为兴趣所在，并刻意花了很多额外时间不断修炼的结果。

我刚离职的第三个月，决定认真地写一部长篇小说发在网上试试水。

于是我去当前影响力较大的某中文网站看了看，但凡排在前面的热门小说，动辄都是上百万字，甚至不乏上千万字的篇幅。

我当时就惊呆了！在此之前我写过最长的作品也就十七万字，已经觉得线索用尽，断无继续扩展的可能。

一部上百万字的作品究竟要怎样写？为什么这些作者能那么厉害？

于是我花了一周的时间，研究作者，研究所谓"大神"的写法，我隐约感觉到一种记忆在苏醒，对，我回到了曾经作为项目经理的时光：在既定的时间节点里，在合理的项目成本下，汇集各方资源，打通所有环节，规避可能风险，并最终监控、引导团队完成目标。前期准备工作越充分，后面的项目执行越顺畅。我把这种逻辑用到了架构一部长篇小说上。先设定小说的背景世界观、主要时间轴、人物关系、人物小传，于是组织架构表、场景一览表、地理示意图、法术总则、段位区别、各阶段量级界定都出来了。

我以前写东西只是图个兴之所至，想到哪里写到哪里，所以写着写着就写不下去，这当然是很大概率的一个必然结果。但做了这件事之后，我像搭起了一个很大的台子，布置好了台上所有的场景。我设计的角色都是这台子上等待唱戏的演员，他们在我心里有着鲜活而各异的形象，只待我说一声开始，便会跟着我一起把这出戏演完。

于是写作对我而言突然变成了另外一种完全不同的体验，我像个父亲一样，陪着我书中的角色一起哭一起笑，领着他们一起向前，因他们的成长而欢欣鼓舞，因他们的遭遇而黯然神伤。

现在这本书已经写了二十五万字，然而对于全篇的剧情来讲，似乎也才刚刚开了个头，一百万字，只要时间充裕，貌似已无悬念。

所以你看，即便是我自认为稍微擅长的写作，其实也不过是个门外汉，在几个月前我根本不知道一部长篇小说应该怎么写，这是我近期才学习到的东西。

在我坚持写了几个月后，一个E公司的朋友突然发了条微信给我，说她的一位老大哥成立了一家电影公司，问我有没有兴趣认识一下，看看有无合作的可能。

这便是我入伙的缘起。

对我和我现在的老板来说，彼此的出现都是一种绝对的意外。

我们聊了足足三天，关于我的小说，关于什么是好的故事，发现彼此很多观点和思路都不谋而合，竟有种相见恨晚的感觉，所以一拍即合。

我最终还是凭借着自己不务正业的折腾，踏入了自认为理想的全新领域，未来还不知道怎么样，至少我找回了一些恋爱时候的感觉。

最近很多人都在说，要具备随时可以离开体制的能力。

如果你真的打定主意想要离开，不妨评估一下自己是具备这样的能力，还是仅仅停留在一句口号上。

如果能力还不具备，又确实想走，从现在开始培养，也并不算晚。

我因为花了一整天时间给我现在的老板讲我长篇小说的架构和剧情，同时与他分享了我这几个月的心得体会，从而奠定了现在的新契机。

这跟我的专业技能没有直接关系，但这么多年职场生涯的积累和反思，在这过程中锻炼出的思维方式和人际阅历，却是我得以写出目前作品的根由。

当然，我并不是让大家都去尝试写作，毕竟这只是我个人的爱好，不足以作为参照。只要足够有心，你们自然也可以发掘出自己的爱好，并把这爱好变成特长，再跟职场中磨砺出来的"通用"能力相匹配，最终形成自己独特的核心竞争力。

如果你真的没有别的爱好，我个人建议在有可能的情况下，去尝试更多的岗位，尝试与更多人打交道，思路也会逐渐变得有所不同。

一个人的成就取决于所处的环境和接触的人，变化虽然是在潜移默化中发生，但如果不刻意培养，所谓离开体制的能力也不会主动出现。

前几天看到一句话，未来的时代，是一个彰显个性的时代，是一个大多数人都会努力尝试把自己的爱好当饭吃的时代。

我深以为然。

范一凡：做交易的跑男

我现在每天最重要也最享受的事，是跑步。

你也知道，我离开华为的时候，是带着病的，虽然没把命给要了，但整个人是蔫的。我记得刚进公司的时候，一哥们还调侃我怎么看着像个高中生，等我离开的时候，看着镜子里的"颓样"，嗯，还是蛮伤感的。

一开始每天跑，短距离。后面一次十几公里，时间间隔就加大了，主要是保护膝盖。

一开始，我跟几个同是华为出来的人一起做彩票平台，倒腾了大半年就"歇菜"了。创业，要有好的团队，还要有资金和市场。在华为，你是有靠山的，什么东西都有相应的平台支撑，什么市场啊行政啊都不用管，安心做技术性的工作就行。自己做，方方面面都得顾及。一天两天没事，一两个月小团队的矛盾就出来了，我们几个愣头青都只想做技术，不愿意搞后勤和市场，一来二去产生了小隔阂，再来就有小矛盾了，后来四个人一言不合就散了。

现在算是个交易员，个人做自由交易，简单说，就是赚差价。外汇、期货、黄金、白银、数字货币、股市，啥都玩，一台电脑走遍全世界。我是保守交易，套利型，套个小差价。一个月赚多少看运气和市场机会了。时间很自由，可以边跑步边娱乐边工作，主要是看数据、新闻，评估行情。就拿最近一次美国总统选举这事来说，由于美元目前还是占据世界货币霸权，来自美国民主党和共和党不同的经济政策，势必给全球市场带来巨大波动。尤其是这位商界出身的特朗普，思路和风格更是奇葩，所以美国总统选举全世界瞩目。作为交易者，要知道去哪里获取最新的且必须是实时的数据。选举前希拉里的呼声再高，也得按照选举的投票制度，而既然牵涉票数，那就想办法找数据分析。在开始选举后没多久，我分析数据预测到特朗普这次当选的概率非常高，而当时市场普遍认为特朗普会落选，我就压在他身上。特朗普当选，美股暴跌，澳元就会暴跌，美元相对这些大跌的货币就会涨，每种市场都有相关性。根据对数据的敏感去细挖，处理这里面的关系，在交易员眼里，这就是黄金满天飞的历史机会。当一个事件概率超过75%，可以押注，超过95%可以压大注。大小又牵涉一个比例的问题，有的人动不动全押上，一般不建议，杰西①的故事告诉我们要给自己留一条退路，也要为不知何时来的黑天鹅事件留一条活路。实际上，就是因为这样的习惯，我才能从两次瑞士法郎黑天鹅事件中活下来，而早期认识的外汇交易者，大多已经退出了交易市场。

怎么发现自己这方面有点天赋呢？得从小学一年级说起。那个时候很流行小人书，我发现同学都爱看，就找亲戚和村里的朋友借来，拿到班里一分钱一天往外租，大家都很爱看，有时候一天就赚好几毛钱，那个时候两毛钱就不得了。这事被班主任知道后，把我大训特训，说我搞资本主义，由于我是班长，后来也放了我一马，只是告诉了我父母。我父母特别当回事，这个不行那个不行。后来就一门心思读书，被家里逼着，一路到研究生毕业。

我一直对数字比较敏感，从小数学经常是满分。现在也会看《概率论》《随机积分》之类的书，我喜欢分析数据。加上后来在华为工作的经历、个人有意识地修身养性，我这个人不急功近利。你会发现，通过交易市场来养活自己的人，虽然通过钱来赚钱，但是把钱看得比较淡，看人看事心态平和。人是需要钱，但是钱不能把你变得更高更帅更年轻更健康，只是提供了保持心理淡定的安全感。

我在华为的时候已经在接触交易，不过还停留在看书阶段，离开华为后真刀真枪开干了。机遇和自身潜意识里的东西，突然有一天碰上了，最后成了可持续发展的职业。当然，这个需要兴趣引导、能力辅助、性格适应等各方面的要求，绝不是智商就解决一切的东西。

---

① 杰西·利弗莫尔，二十世纪初华尔街最大的个人投资者，被称为"百年美股第一人"。

交易的难点不在于数学计算，而在于情绪和风险的控制。情绪控制，受益于长跑。风险控制方面，我一直坚持一个策略：单笔交易资金量的控制，系统能够承受多次连续小额损失。这么多年下来，我也从最初的技术型分析，转入了基本面分析。像南北极气候变化、欧美的政治格局、美联储主席的演讲、美国总统的执政方针、各种大型数据以及不定期的各国大地震或者水灾。因为这些事情发生，必然会影响一些领域的经济。比方说，中国最近几个月的环保整治，使得各种原材料价格呈现上涨走势，如果你能在最开始分析出来，必然在期货市场有优势。我也会关注一些企业的技术动向，尤其是国内外领先的新兴巨头企业，这样的企业一旦上市，其股票就适合做中长线。

交易也是很具挑战性的，一开始是因为大部分人亏，想看看自己能否成为少数人。不交学费几乎不大可能，因为坑太多，有时候收益也就刚够养活自己，倒是学了不少东西。但是资本市场，每隔几年都会有一波行情，一直在里面就会赶上。除了美国总统选举，还比如今年，数字货币市场就被我赶上了。

交易这个领域看着很自由，点下鼠标，按下键盘，完事。但是问题来了，大家都挺聪明，你怎么能做到战胜别人呢？如果说，在别的领域，成败有个 2 ：8 原则，这个领域就只有 0.5 ：9.5 了，其他行业的经验和数据，在交易领域不具备太大的参考意义。因为最大的问题是，每个人的性格都不同，不太能简单数字化，看似简单的涨跌二元，实则有各种性格因素引起的多元带来的千变万化。所以我这个职业不具备普适性，咱们还是继续谈跑步吧。

我当初开始跑步主要是因为身体不好，再加上减肥的需求。这本来是一个微小的自我突破，没想到一发不可收。我尝到了跑步的甜头，不光是身体健康，精神好，心态也发生了微妙的化学反应。

我一开始练习 3～5 公里，基本每天跑，有时候觉得一个人冷清，想拉着朋友一起跑。一吆喝，都说好啊，跑到一天两天就不见人了，剩一个，跑一次休息两天，慢慢地跑一次休息一个星期。我发现大家有一个普遍现象，比如，跑 3 公里，到了 1.5 公里的时候说，啊，还有 1.5 公里，累死了。我呢，是跑了 1.5 公里，一看，只剩下 1.5 公里了。不太爽，还没跑够的感觉。这就是一个人的精神状态，当你的生活中困难多的时候，看到的就永远是困难。所以绝大部分人被面前的困难吓跑，去做别的事情，又遇到了新的困难，既怕困难又怕吃苦，然后就没然后了。剩下的 10% 或者 5%，想办法把克服困难变成快乐的事情，这就是不同的人生态度。

还有花钱的态度。我一个朋友，经常加班，身体有点虚，我就说让他买个跑步机跟我一样天天跑步。他一个月工资两万元，但是他舍不得，说这跑步机好几千元啊，这个月的预算超标了。我说了好几次都没用。直到有一天，我跟他说，你投资几万块钱，我给你赚够跑步机的钱，你用这个钱去买。在中国人的传统观念里，要通过工资省吃俭用来存钱，但现在社会通货膨胀，钱越来越不值钱，你只有一条路，就是挣更多的钱，才能解开这个困局。就像长跑一样，一直往前，路上有风景有机会，脚下生出力量，又能跑得更远。

还有人跟我说，他没法离开华为，因为他爸妈不同意。他们说："这么好的单位！什么苦不苦，我们当年挖水库、修大坝都没觉得苦，你们坐在窗明几净的高楼里，加个班还喊苦。这就是不思进取。"然后他就动摇了。很多人的态度就跟跑步一样，只要找到一点点的理由，遇到一点点所谓的障碍，就退下了。一般坚持长跑的，性格里都有某种倔强，比如村上春树。

现在老朋友见了我都说我变了，比以前热情了。其实我以前也挺热情的，只是跟机器打交道多了，把人性的一面都掩盖了。现在我跟人打交道多了点，把人性的一面又激活了。比如小区有个小铁门，每次后面有人我就会给他们撑着让他们先过，觉得帮一下别人理所当然。但是我也发现了一些问题，很多老人都会表示感谢，但大部分小年轻就闷头走过了，这也许也是我们社会大环境的潜在问题之一。现代人普遍的神经性疲劳，成了人与外界之间的一道屏障，基本表现就是，对工作之外的东西一概置之不理，长期烦躁。心境影响一个人的行为，我想发达国家的人之所以看着有礼貌，也是因为生活有保障，整个心态比较放松吧。

总之，跑步改变了我许多，可能是多巴胺的缘故，越跑越快乐。

毛大庆说："跑步不会创造奇迹，但可以帮助你在某一段时间内，专注于内在，反省并学习如何料理自己的人生。"听起来挺大气的一句话，但是坚持跑个一年，你就会品味出其中的内涵。跑步的这些时间里，我的工作一再聚焦，这也是回过头来才能看到的变化。

关于比特币和区块链技术，我知道你泡在里面很久了，而且有所收获，简单说两句吧。

首先要说明的是，基于区块链的主流数字货币并非只有比特币，经过这几年的发展，以太币 ETH、莱特币 LTC 等都是比较主流的，还有许许多多其他的数字货币。只不过媒体普遍报道的是比特币这个龙头老大。

我是 2012 年底在一个论坛上偶然看到开始跟踪的。从技术角度看，真是伟大的创新。

但是在这个谁也看不清未来的阶段，我就不多说了。只提醒一句，数字货币市场具有高波动特性，普通投资者不建议做短线交易，频繁进出，这样更容易亏。如果打算投资，可以用闲置资金逢低做中长线，注意，闲置资金。

对于搞技术的人，可以跟踪一下区块链，它可能会成为 1998 年的 QQ。区块链作为比特币的底层实现技术出现，应用却不局限于此。什么是区块链技术呢？通俗一点说，就是一种全民参与记账的方式，有效解决中介信用问题。更专业的定义：区块链技术是在多方无需互信的环境下，通过密码学技术让系统中所有参与方协作，来共同记录维护一个可靠数据日志的方式。它具有以下特点：点对点直接交易，效率更高；自定规则并自动实施规则，用技术信任加持商业信用；数据可追踪可验证不可篡改，保护信息安全。在过去，两个互不认识和信任的人要达成协作必须依靠第三方，比如支付行为，任何一种转账必须要有银行或者支付宝这样的机构存在。区块链技术是全网记账，网络中的所有节点都可以扮演"监督者"的身份，不需要第三方介入。可广泛应用于电子货币发行、征信、共享医疗、普惠金融等各个方面。目前区块链的瓶颈在于：因为是全网记账，大约每 30 秒到几分钟才能确认一笔交易，无法满足商业需求。但是只要有需求驱动，技术的发展也是惊人的。国内外上千家公司正致力于此，其中也包括一个华为班底的创业团队，通过硬件芯片加速。

总之，和互联网革命浪潮一样，区块链技术也将会推动全球的技术和经济变革。

大家都知道交易本身并不产生社会价值，那么你的人生价值何在？

社会价值这个话题有点大啊，坦白来讲，我一开始接触交易，只是把它当成一个数学题去验证求解的，这个过程本身很艰难，但是于我来说却是一种乐趣。当我的交易规模做起来以后，我把这里面的收益拿来投资到了一些初创公司，如果你非要找个意义，这个可以算吧。但是我既然已经在里面了，未来这还是我的阵地。要我说啊，只要是合法赚来钱了，于社会、家庭、个人总归是有益而无害的。现在不都讲和谐社会嘛，生活富足了才能和谐嘛。

03 创业多艰

登高莫问顶，途中耳目新。

——潘刚《伊利内部座谈》

2000 年，李一男离开华为，带着价值一千万元的设备北上创建港湾网络，公司火速发展，逐渐成为华为对手，最终在 2006 年被华为收购。2015 年，他又发起新的创业项目——小牛电动。

2016 年，微信朋友圈里出现了一个图文并茂的链接，轻轻一点，是排版优美的图文，产生于一个叫"美篇"的 App。这款 App 可以简单快速地进行图文编辑，解决朋友圈九宫格的限制，是华为一个叫汤祺的全栈工程师在工作之余开发的。目前已获得真格基金、经纬中国累计6000 万元的融资。

如今，华为的工号已经排到了近 40 万，实际在职员工 17 万人，抛去换工号产生的重叠和少量预留的工号，这些年，华为输送到社会的人才也接近 20 万了。

创业的自然不在少数。

腾股创投 2017 年统计的数据，里面总共收录了 125 家华为系创业公司，硬件、消费电子居多，另外还有电商、电气、金融、本地生活。天使和 A 轮占据半壁江山，其次是 B 轮和 C 轮。另有四家 A 股上市，八家新三板。但这仅仅只是冰山一角。

还有很多普通的华为人，在创业的路上默默耕耘，砥砺前行。

张彻：我们来过，这就是我们想要的

今天又吃了一顿散伙饭，就在我现在公司附近的小餐馆，因为下午还得上班，所以只好以茶代酒。气氛欢快，离职的兄弟刚当爸爸，大家努力给他传授带娃技能，毕竟这一走，下次见面不知何时。何况这已是本月第三顿散伙饭，忧伤的情绪在前面两次已经发泄干净，剩下的只有平静。

这段时间，除了送别，上班要惦记的事很少，资金链已断的投资方虽然依旧天天上头条，但大家调侃的新鲜劲儿早已过去。就连前几天晚上，实验室遭袭，固定资产里算得上贵重的仪器被彪形大汉抱走的事，大家也云淡风轻了。大家都能理解，供应商基于信任预支了那么多物料，可是到头来竹篮打水一场空。小供应商，哪里经得起这样的折腾。

短短两年，从招兵买马到人走茶凉，落差如此猛烈，让人怀疑现实的真实性，而心中的那点不甘，使不少人仍在犹豫该走该留。

两年前的这个时候，也是最热的八月，我离开了华为，很难说清楚为什么，不是抱怨、不是诱惑，鸡汤式的创业感言更与自己无关。作为华为土生土长的螺丝钉，坐惯了四平八稳的大船，走出舱门的那一刻是充满焦虑的，只是焦虑压制不住冲出去感受风浪的渴望，于是便如愿以偿地经历了后来两年的颠簸起伏。

与千万都市青年离职后的首选课程一样，我也选择了一趟西藏游来告慰自己的新生。只可惜蓝天、雪山、喇嘛、顿悟这类剧情没能在朋友圈上一一呈现，八天的行程全部淹没在八月的雨中。两年后回忆这趟旅行，再对比之后的创业经历，过程的相似性着实耐人寻味。

我们大学室友五人，相聚拉萨，没做任何旅行规划，最想的就是聊天。毕业十余年，五个人五座城市，见面的机会很少，几人中有正在艰难创业的，有挂着研究所的编制干副业的，有厌倦国企的呆板申请到藏族聚居地区支边的……与其说是西藏让大家难得相聚，不如说是四十不惑前的迷茫让我们又走到一起。

刚到拉萨的那个晚上，我已经记不得聊了些什么，酒精加剧了高原反应，多数时间都是抱着氧气罐躺在饭店的沙发上。店名叫老鱼饭局，或许主人真姓鱼，也可能是来到拉萨后有种如鱼得水的感觉，于是在远离闹市的一幢小高层上寻得了一处绝佳的店址，透过大堂窗户可以静静欣赏远处的布达拉宫。红色的墙面，映衬着巨幅的雪山照，红白相融，又拉近了布达拉宫与主人的距离。

这里的一切都是如此新鲜，多彩的建筑、精美的藏饰、清透的空气、触手可及的云朵、人头涌动的甜茶馆、香火缭绕的大昭寺、虔诚叩拜的朝圣者……你会觉得这才是生活该有的色彩，好像这里的一切才是对的，而远在千里之外的上海是未开化的"魔都"，使得自己后来每次看到陆家嘴的三座地标大楼，总会想起大昭寺前挂满经幡的高柱。

同样的新鲜感在加入初创公司的开始给了我很大的鼓舞。曾经操劳最多的手艺，突然间，在小公司拥挤的办公室里，没了施展的空间。不再需要为KPI（关键绩效指标）考核编排各种计划，不再需要为开发经费做各层立项汇报，不再需要为解释技术问题给领导制作精美胶片……公司所有人，都在嗓门可及范围内，人与人的沟通，自然回到了口语这种最高效的方式。

基于信任，公司没有强制员工在岗时间，也不安排固定的办公位，用心去做产品是唯一的要求。而实际上，因为不想辜负这份信任，几乎所有人都随身带着笔记本，保持着 24 小时移动在线的状态，同时享受着新工作的专注与高效。这种当家做主闹翻身的气氛显然也影响着支撑部门的 MM（美女）们。那时的公司还窝在工业园区的一角，隔壁是家快递公司，卸货上货总把门前堆满包裹。每每这时，MM 们就会冲出去跟快递小哥吵上几嘴，似乎那些包裹堵住的不是出入口而是大家的财路。而在后来的半年多中，为了应对公司不断扩大的团队，她们把找房子搞装修做成了自己的主业，把战线拉大到了市中心的写字楼，一层、二层、三层。当入驻最后的那块阵地时，员工们站在大厅透过整块的落地窗直面陆家嘴高耸的地标建筑，MM 们的成就感难掩于面，就好像大家看到的不是金茂、不是环球金融中心，而是神圣的布达拉宫。

增长的感觉是美妙的，公司完成了 A 轮融资，也明确了项目方向。虽然新组建的团队在业务支撑上显得还很忙乱，但蓬勃的朝气让所有人都坚信我们很快就能跨过这道坎，很快就能雨过天晴。

在拉萨停留两天后，终于见到了蓝天，虽没大晴，但足以让身体兴奋起来。大伙儿一商议，决定驱车走一趟林芝，那里海拔低，风光秀丽，有"西藏小江南"的美名。而最让我们向往的是林芝地区的那座神山，南迦巴瓦，被誉为"中国最美的雪山"。我祈祷上天能够开眼，等我们站在山前时，阳光恰好洒满神山。

出了拉萨，公路在山间的原野上延伸，山腰牛羊点点，显得天地格外辽阔。阳光偶尔会穿过云缝落在河滩上，落在田野上，把大自然的色彩点亮，每逢此刻，我们总会停下车来冲过去，享受这份恩赐。

然而快乐总是短暂的。当天行程未过半，乌云重新聚集，遮满天空，待云层削去了两侧的山峰，稀稀拉拉的雨点便开始飘进车窗。后排的兄弟已经睡熟，大鹏在开车，我坐在副驾上。突然，他说想抽烟。进藏两天，可能是这里的空气确有吐故纳新之效，资深烟民的他这会儿身体才有了反应，我点了一支雪茄给他。大鹏在学校时睡在我的下铺，似乎因此有了第六感的默契，躺在床上翻个身，都能猜出在做啥梦，所以两人之间话不多但都能明白。他博士毕业后在一家通信公司工作，升得快，走得也快，算是班里第一个出来创业的，能来西藏，反而说明公司近期应该不顺，所以他常常一副若有所思的表情。抽着烟，我们都没有说话，只盯着前方。路上车很少，速度飙得很快，车窗没闭，嗖嗖的空气像冰冷的尖刀，能把天地割开。我知道他在享受这点快感。雪茄的味道很重，老烟民知道只含在口中，不能进肺，以免醉烟，掌控的能力让人在快感与危险之间摇摆。

下午 2 点，临近米拉山口，这是拉萨与林芝之间海拔最高的途经点。爬坡太久，车有点喘不上气，油门的轰鸣声振奋着大家的精神。山上大雾，也可能是云，周边一片白茫茫，忽然有人喊了一声"到了，到了"……车外风很大，夹着冰冷的水汽，供路人短暂停留的平台上空空荡荡，刻着海拔 5013m 的石碑，像站岗的哨兵，这时显得格外庄严。

垭口两侧的山峰就在不远处，被编织成网的经幡包裹着，山坡上矗立的经幡塔（白塔）在大风中甩出厚重的哗哗声。寒气逼着我们不自觉地想往车里钻，经幡的咒语却又将我们拉了回来，我爬上山坡，走进塔里，随着飘动的五彩经幡转了一圈又一圈。千百年来流传于此的信仰，风每吹动一次经幡，就将上面的经文诵读一遍。诵经声在云雾中飘荡，我们虽不懂佛经，但能感受到一种力量，犹如身临一场灾难前的宣战仪式，面对狂风，尽情高唱。

在经历了近一年的快速发展之后，公司突然爆发了大股东的资金危机，完成开发的产品没钱生产，而此时的团队已上六百人的规模，没有资金补充，支撑不了多久。随后进行的跨公司合并也没能缓解危机，双方的文化冲突反而增加了管理上的难度，耗费着大量精力。犹如超载的客车想在汽油烧尽之前靠速度冲出浓雾，越是着急越容易犯错。随着不断有新项目推出又被叫停，公司不但失去了最初的专注与高效，也折腾完了团队的朝气。

当缺钱成为公司的新常态时，我时不时会想起华为内刊上的一篇文章，之所以记得深刻，是因为华为总能找到符合人性的通俗语言，把复杂的价值观灌输到员工心里。我曾毕恭毕敬地摘录在笔记本上：

"管理上最大的问题在于不重视预算与核算的管理。从管理层到员工，很少有经营的念头，只是一味地埋头做事。西方企业总结了当今几百年的经营理念，最终把企业一切活动的评价都归结到唯一的、可度量的标准上：钱来度量。

"很多管理者在制定工业计划和措施时，很少考虑成本因素，好像一切活动都不要钱一样。如此，变革和 IT 项目的评审及实施，在需求受理阶段谁也不考虑资源和成本因素，业务部门一味地提需求，反正是免费的晚餐，有没有资源是 IT 的事，而 IT 部门也没有可信服的标准来衡量 IT 投入与业务收益之间的关系，常常是在工作量远远超出能力的情况下，还被迫接受大量需求。硬着头皮做出来的 IT 产品，质量根本无法保证，造成业务不满意，再投入更多资源去修复缺陷，如此恶性循环。其实，每个家庭的日常生活中，要置办什么家具、购买什么物品，都是根据自身经济能力来做决定的，按'预算管理'是一件再自然不过的事。但一到单位，钱好像就再也不是问题了。再深入一步考虑，无论企业做什么事，怎么做事，最终目的是活下去。而活下去的前提是有合理的利润，说白了还是要归结到财务指标上。因此，以预算来管理和衡量所有业务活动，是简化管理流程，提高企业整体效率最有效的手段。"

早期的顺境，蒙蔽了大家的心智，我们以自己的一套思维方式去追求高效，却忽略了高效最本质的那个元素。我们习惯靠钱去解决问题，缺什么买什么，却很少思考是否有不花钱的解决之道。可惜商业社会是个弱肉强食的世界，不会因为反思就奖你肉吃，自救是唯一能生存下去的当务之急。所有人都觉得不该轻易放弃，我们既然有人也有技术，主干道如果走不通，我们可以试着拆成小纵队走小路，总该有条道能走出去。于是一时间，越来越多的小项目在团队里自发地生长出来，一股热情、一点希望又重新燃起。

过了米拉山口，一路下坡，很快就冲出了云雾。随着海拔变低，旷野上先是出现了大片的草甸和灌丛，再后来林海成了主要的风景，确有小江南的秀丽。车道两旁参天的大树遮挡了光线，给人已近黄昏的错觉，所以我们一路未歇。直到临近林芝城区，进入开阔的尼洋河滩，才有种重见天日的感觉。这里的云层很高，一天没有下雨，城里广场上藏族同胞围成大圈跳着锅庄舞，我们又开始惦记阳光洒满南迦巴瓦的那个画面。

可惜西藏的八月是属于雨水的，后半夜的暴雨打消了所有人的美梦，早间频道全是多处桥梁被洪水冲垮的新闻。餐桌上，大家商定，既然来了，总得有始有终。于是重新规划了线路，趁早就出发了。途中不断有折返的车辆告知鲁朗过不去了，前面桥段已经封路。我们总是谢过之后继续前行，随着导航，驶出了国道，走在不知名的小路上，先沿着尼洋河，后来挨着雅鲁藏布江。穿过每个村庄，都要在泥滩路和爬山路间起起伏伏地切换。我们根据几个人的驾驶特点与路况做了驾驶匹配。体重最轻的开雨水没过路面的地方，因为担心载重让轮子陷进泥中，除了驾驶员，其他人都下车步行。耐性好的开带石头的泥塘路，绕得过深泥坑还躲得开突起的石头，否则底盘传来的撞击声让人有种车要散架的恐惧。性格刚烈的去开爬山路，大雨过后的陡坡泥泞打滑，只能靠冲，每过一辆车，就会留下深深的车辙……原本三个小时的车程，最终走了九个小时。直到天黑，终于住进雅鲁藏布江边的客栈，南迦巴瓦就在我们对面，大雨还在无休止地下着。

第二天清晨，我们久久伫立着，云带像一条哈达裹住了神山，若隐若现。就像梦想，她就在那，无数回地向往，但够不着。

因为够不着，就不该来吗？没有人后悔这趟旅程，没有人咒骂这场大雨，也没有人抱怨昨天九个小时的颠簸……我们来过，这就是我们想要的。

公司最后的那场游击战也在意料之中，没能收到成效。当裁员的命令一拨又一拨地下达时，曾经并肩作战的兄弟面对离别，有悲愤但又无奈。追逐梦想，不会总能开花结果，但至少我们来过，这就足够了。

公司的生命还未结束，我还在这里，很多兄弟也还在这里，说不清楚为什么要坚持。

两年前的西藏游接近尾声的那个傍晚，我们走在圣湖边上，夕阳铺满纳木错的那一刻，如沐神恩。美好，或许都是不期而遇的。

罗镇远：从科技到教育

我 2013 年初离开华为，创办了以 3D 打印技术为主业的科技公司，另外还有一个合伙人和一个投资人。

这个时机，这个行业，很容易和"风口上的猪"联系在一起。事实是，有些风是空穴来风。

3D 打印这个行业比较特殊。在各个领域都能用，但它最大的问题是，在每一个领域应用面都很小，只有一小部分能用。而且每个领域，不管是耗材还是设备，都得专门定制，所以成不了规模，一直停留在样板展示阶段。比如医学领域，可以打印各种器官，目前已有的应用，包括头盖骨、脊椎、手掌等，均为个例，且需要资深医学团队的共同开发；建筑行业，打印个大楼什么的没有问题，但是目前看不到替代传统建筑的优势，而且没有验收标准；还有服装行业，打印出的衣服非常合身，但是，仅仅打印一条裙子，要使用上千个印制板，最后成本过万元……换句话说，3D 打印概念很好，但是目前除了医学，还没有哪个行业需要这项技术来拯救的，所以概念火了很久，但都是一些体量很小的企业，无法实现规模效应。目前阶段，适合小企业做行业深耕，但是丁点儿大的市场已经挤了一堆企业，大家都不好活。

于是在创业的头一年，"风口上的猪"四处突围，寻求突破口。结果是碰了一鼻子的灰，四仰八叉。一年后，我开始萌发转方向的念头。也是机缘巧合，结识了一些教育行业的人，他们说，学校有需求啊。

为什么呢？我们这个时代正在经历科技革命，而且科技的发展似乎连个尽头都没有，只是一轮又一轮颠覆我们的生活方式，周期越来越短，速度越来越快，对整个社会和国家发展的影响已经极其突兀。我们的孩子生活在这样一个时代，不能不参与其中啊。

"创新中国"的口号响起来，教育改革来了，要把科技教育贯穿到学校常规课程中。

我们就顺着这个行业，跟学校合作建立 STEAM 创客实验室，提供全套解决方案。有点类似于华为向运营商提供完整的解决方案，交钥匙工程。但是如果仅做 3D 打印，收益也很小。就是买个 3D 打印机，最多买一两台，你还要每个学校去跑，一台也没多少钱。你还别说，学校买个几千块钱的东西，审批半天，最后还要跟淘宝比价。于是我们引入了电子编程、无人机、机器人、VR（虚拟现实），后面还会包括艺术创作，手工、木工、陶艺等。赢利点呢，一部分是建造费用，一部分是后续的培训服务费。

最开始的时候很艰难，校长都会问，我建这个东西有什么用？我们也是费尽口舌讲意义。后来，跟教育改革的概念契合在一起，推行起来就相对容易了。初期我们先建设了几个标杆实验室，比如上海某青少年宫的创客实验室，后面就可以带着客户去现场感受。

现在提倡素质教育，科技也慢慢从非主流走向主流，这是发达国家教育已经走过的路。以前玩科技的人非常少，像我们这代人都是工作以后才接触。孩子们都被扔在英语奥数的海洋，试图在升学路上开辟蹊径。很少有人知道，科技对升学是有作用的。现在，科技类的奖项，跟英语奥数一样，也成了进入名校的敲门砖。当然，抛开所谓的应试名头不谈，你光看一下最新的福布斯排行榜里，科技类企业的占比就知道了。

值得一提的是，教育行业目前是投资人比较喜欢的，因为收钱没问题，基本上是以年为单位的周期。我们做教育行业久了以后，跟学校有了长期稳定的合作关系，就可以在多方面入手，做成教育产业化，因为黏性比较高嘛。

目前我们的研发团队分产品研发和课程研发。课程研发是由创客老师组成的，考虑到成本，团队放在了三线城市。当然，除了成本因素，上海的老师也难挖。即便在三线城市，也是给老师的待遇相对高，还要谈理想，要能体现出他们的核心价值，并且看到长远的发展，否则几百块钱的薪水差异招不来老师。在教育行业，稳定、有编制还是很多人的第一诉求。

但我们不得不招老师。像我们这些技术人员（工程师）做不了这个课程，做出来就像产品说明书、流程图，学校里的老师就不一样了，他们会很自觉地把内容转化为教材，所以我们的教材拿出来一看就很专业。我们的老师再去给学校的老师培训，就比较容易了。早期我们工程师去现场培训，校长说你弄弄这个、弄弄那个，他说，这个不归我管、那个不归我管。这是标准的研发工程师的思维，校长就怒了。就像华为的工程师，分工细，而且是目标责任制，大家基本不会管自己职责以外的东西。

我们这小公司，华为的一套管理方法还不适用。特别是刚开始，决策的效率一定要高，不要搞什么流程汇报，一个电话就搞定了。

华为的虚拟股权制度是很有用的。但是，全世界人民都知道华为的股权激励，而且也知道它的成功之处，为什么没有成功应用的案例？

先说国外啊，这事不能搞，有点打擦边球。他们不搞这种私下的协议，什么灰度，老外是没有的。

国内呢？很多公司都想学，但是它有几个要素。一、对员工的素质有要求，至少能听懂，要不然他看不到前景，就只要眼前的利益，多给他点钱。这就抹杀了一大部分企业。我家亲戚的公司，主要是大专以下学历，他跟他们讲股票期权激励，他们听不懂。员工跟老板是对立的，觉得你会不会坑我啊。二、只适合在初创时期就引入。成功了以后，企业做大了再搞就是两码事。初创时期大家是战友，相互信任。如果后来突然实施，比较奇怪。我有个朋友的公司做得比较好，已经筹备上市了，他底下的员工就跟我讲，每年老板都给我分股票要我掏钱买，我觉得很亏啊。因为员工看不到上面到底有多少人，股票到底怎么分的，他们会觉得老板想融他们的钱进来。而华为是一开始就有，而且后来的收益也是看得见的，已经建立了完全的信任。况且，现在人的心态不一样了，很多人"可以同甘，不能共苦"。

在管理上吧，自己做了老板以后，越发觉得任总的一些言论是正确的，他曾经说："公司跟员工就是契约关系，不需要感恩。如果感恩说明公司对他太好了。不需要，我们只要履行好彼此的责任与义务。"我发现我对员工有感情，但是他们对我是没有感情的。不像老一辈，大家讲感情，现在的员工，自己的利益是放在第一位的，而且还要干得开心，开心很重要，听上去能耍酷也重要，最好跟现在的流行趋势接上轨。我有一个员工，以前在一家还很有名头的互联网公司，月薪非常低，我说你为什么会去，怎么生存呢？他说酷啊，每天早上还要喊口号，鸡血满满。

这对我就是一个挑战，管理跟以前完全不一样了。员工年轻，学历不会像华为以名校硕士为主，所以打交道的方式完全不一样。我跟员工聊天，谈职业发展、谈理想，我跟他讲，你几年以后往哪发展，然后平时可以看些什么书，做些什么提升，还讲我以前自己的例子，从公司回来就编程做仿真，这样到公司就可以实践了。他跟我说，这个我不行，我回家就想睡觉，还要打游戏，把公司安排的活干好就行。

在小企业，是老板拖着员工干活的，而且还得让人家高兴。老板是怕员工走的，一个萝卜一个坑，要花时间填起来。不像华为公司，已经发展到现在的体量和声望，一堆的名校高才生挤着进来，管理流程化，走一个跟一个，对整个运作完全没有影响。所以有些管理的方法，他能用我们不能用。我也不可能让员工加班，他是来赚钱的，不是跟我一样实现梦想的，我也开不起同行业两三倍的工资。我的性格，又不会像某些互联网公司一样，靠打鸡血留住人。当然那也是个套路，值得学习。那么低的工资吸引到人，很厉害，老板的个人魅力很重要。

说回创业，现在机会还是蛮多的，选对方向很重要，选对了可能一下子就起来了，选错了一辈子都起不来也有可能。如果谈经验，我体会比较深的是：

1. 一定要根据自己的资源寻找方向，你手上的资源，你们几个股东手上资源的优势在哪方面？你做的东西要能把资源利用起来。不像我选择 3D 打印，完全脱离以前的圈子，什么资源都没有。

2. 政策方面，是不是迎合了国家当前的大政策，迎合大政策的方向，业绩嗖嗖嗖就起来了。

3. 如果你对某块感兴趣，有意义的最好，能助你走得更远。因为自己有孩子，我做教育是对自己孩子有帮助的。如果是跟工厂做配合，不一定有这个兴趣。不管走多远，不管什么事，只要没兴趣，时间长了都会厌倦。头些年是生存，生存解决了，开始寻找意义。就像那些发达国家，因为生存有保障，孩子从小就在寻找意义。我们人到中年才开始寻找意义。当然大部分人，一辈子都没有这个机会。只有这些深层次的东西，能支撑你在困境中坚持下去。

从华为出来的人，尤其是干了很多年出来的，大家还是怀抱理想，想做出点事情的。如果仅仅是想赚钱，华为是很好的地方啊，人际关系还简单。

出来以后，发现社会还是很复杂的。现在我自己跑业务，更深层次地揣摩人性，怎么迎合爱好、摸脾性、整合资源。以前就事论事，说话简单粗暴。在华为智商就能保证生存，情商保证生存质量高些。现在要修炼综合素质和情商，一样都不能少。

现在自己做压力是很大了，主要是要给员工发工资啊，这就是自由的代价吧！不过还好，经过这几年的磨砺，我的心脏也已经越来越强大了。

夏荷：端到端管理模式引入餐饮行业

我还在华为的时候，组织过一个读书会，每周几个孩子一起读一本书，每月准备一个主题，坚持了两年多。我们也搞诗词大会，比如春天来了，孩子们一起读关于春天的诗词。两年下来，孩子们读了不少书，也养成了读书的习惯。一些孩子本来不喜欢看的书，像《鲁滨孙漂流记》，经过引导后孩子们就愿意读了。我还挺愿意花心思做这些事情的。后来又带着孩子做原版英语阅读，结识了一些志同道合的妈妈，感觉自己在教育上蛮有热情和兴趣。我就和别人一起做英语教育机构，不到一年时间吧，问题来了：教育机构都是孩子不上学的时间工作，我管了别人家的孩子就管不了我们家孩子了。把他带到机构去，让他自己看书，时间长了他也挺无聊的。当然了，也是发现理想跟现实差距太大，最后就退出了。

之后转战餐饮行业，主打火锅。我们有三个股东，其中一个是餐饮行业多年的老江湖。我负责运营，引入华为的管理理念。

目前在运营的有两家店，都在湖南，是连锁品牌加盟，七八百平方米的规模，盈利都不错。当然，在这之前，第一家店就赔了，东西比较单一，而且两个外行瞎指挥，硬是给败掉了，权当交学费吧。有了那次的经验教训，第二家店当年就收回成本，把之前的亏损也赚回来了。最近正在深圳筹备一个自有品牌，就快开业了。

餐饮行业是个快打的行业，如果第一年不盈利，基本就不会扭转了，风险很高。主要在于，它的竞争环境变化特别剧烈，很有可能你旁边冒出一家新店，或者附近出来一个新的商圈，你就会被分流。只要连续亏损三个月，面临的问题就是继续亏损还是及时止损。

这里面，宏观的经营理念尤为重要。

我们的管理采用云端，大数据随时可以查看，就会有经营的概念。忙时、闲时的所有运营数据，客单价、客均价多少，全能看到，月数据、年数据都有了，就能找规律，这是我们所擅长的。我的合伙人们连excel 都用不起来，再做个数据透视表都晕了，我做了以后，他们都觉得好神奇啊。刷刷刷三两下一做，他们就喊着慢一点、慢一点，还没看清楚怎么就出来了，怎么又多了个图出来了。以前在华为的很多工作方法、思路都可以用，都是讲方法论的。现在就是对这些方法进行优化、改进，把好的方法换个土壤在餐饮行业植入。

比如说我们在深圳的店，我们的合伙人之一，在这个行业很多年，他一直觉得开不了业，有问题。我飞过去，几个人碰面，一番讨论。好，开始倒推，依赖关系一排，几个关键的东西一识别，这几个关键点怎么解决，搞定。说着我就哗啦哗啦给排出来了，他们都觉得好高效啊。

我们设计的这个工作流程（一页打印出来的流程图），几点做什么事情，看着一目了然，但是他们做不出来。下一步就是研究流程标准化。

说到这，也要赞扬一下我的合伙人，特别配合。在我引入流程化的过程中，有一个要求，至少要让我这种外行能明白、可操作，否则怎么叫标准化、流程化呢。开始的时候，合伙人说，也不能让你们太没经验的人搞啊，有些东西就是不好量化。我说，找个勺子总可以吧，数数啊。这个加多少水、到什么高度，自己做饭也不可能按照升、克称量，如果做成这样，不可执行，有和没有一个样。实在不行，也可以拿根棍子刻个刻度，这也是一种思路，或者在锅边上做刻度。我们就这样一点点地磨流程。

虽然有工具和思路，但还需要了解行业，变通地落实一些管理思路。比如，要求餐饮行业的员工每天结束后讲讲，今天有什么做得好的、不好的，很难。他们最能接受的方式是，给我个检查表，我一项项对照，但是我看不到表以外的问题；要求店长写日报，我们听起来很简单，他根本不知道怎么下手。所以一方面，我们聘用管理者尽量大专以上；另一方面，全员发读书卡，鼓励他们去读书。

全流程成本控制，IT 工具化现在都用起来了。财务管理也是使用云端软件，这样我可以远程看到消耗是否合理，突然间冒出来个尖峰，会有异常上报，我就要了解一下。

去年结束，我做了财务报表给合伙人，问他们要什么格式，财务报表是晴雨表嘛，我还是很重视的。他们说不知道，我就问，你们以前看到的是什么形式的？他们说，只有四行，关于营收和分红。其实他们自己以前是大概算过的，比如食材成本维持在什么比例是合理的，心里有个数，但是说不出来。我后来依据他们的经验和已有的数据做了个模型，投资的时候就可以做个科学的决策。

我们用的软件系统是华为人做的，他以前在华为做软件，家里开了家店，觉着市面上的餐饮软件不好用，就自己做了一个。因为做得好嘛，用的人挺多，他后来就出来成立了一个专门做餐饮软件的公司。他的软件在云端，能看到所有用户的营收，我跟合伙人就经常一起讨论，分析考察那些盈利好的店。一笔一笔算账，然后发现，做得好是很赚钱，但是控制不好也会赔钱。有经营跟没有经营，有管理跟没有管理，哪怕同样的营业额，利润相差很大。

我现在做的事情看上去跟以前的半毛钱关系没有，但又好像一样，那些经过无数项目碾压过的方法论，就像车辙一样，通往各个方向。

04 适时转身

> 人们之所以不愿改变，是因为害怕未知。但历史唯一不变的事实，就是一切都会改变。
>
> ——尤瓦尔·赫拉利《未来简史》

我必须承认，我不喜欢理科。上高中的时候，是因为在封闭的环境下没有思考能力，随波逐流学了理科。但是，大学毕业，当我的意识已经觉醒，并且有条件选择的时候，比如换个专业考研，我还是放弃了。因为害怕面对困难，借口却是丢弃专业太可惜了。后来研究生毕业，明明也有非研发岗位可选，比如科技类图书编辑。我明明心里有意愿，还是用那个冠冕堂皇的理由——丢掉专业太可惜了，来掩盖不自信和跳出常规的畏惧。一直到工作八年多以后，才在"机械从事，默默看看周围人事沸腾，连逢场作戏的动力都没有的时候"被迫转身，而这个时候，机会成本、心理压力，比前面的任何一次都要大。

《朗读者》节目上，董卿问余秀华："你从未得到过爱情，为什么写的诗大部分都是爱情呢？"

余秀华笑答："缺啥补啥嘛。"

她通过书写爱情，填补了现实中的黑洞，得到满足。

我终于反应过来，为什么我这么一个循规蹈矩的人，一直喜欢那些跳脱出常态的少数派，那些"离经叛道"的人。我并不是喜欢她们的生活方式，而是欣赏她们发于本能意愿的洒脱劲。

《工作颂歌》中的职业规划师说："朋友间泛泛而论的喜好无助于引导大家找到更令人愉悦的职业，因为大家都过于关注金钱和社会地位，早已失去就择业问题做一番认真思考的能力。人们需要回到基本准则上来，围绕那些令他们高兴、激动的因素做些自由联想，然后设定一个框架。"

那么你在生活中最朴素的快乐来自哪里，什么是你潜意识里渴望而不得的？

汪子涓：冲刺型选手合体销售

在我的家乡，有一所跟衡水中学相媲美的学校，那是我们所有家长和学生的梦想。父母不会对孩子规划，当然他们对自己也没有规划，但是有期望，要孩子出人头地。那所学校就是他们目之所及的终点。身处在这样的环境里，我没机会思考也不会质疑，压根不知道还有选择这回事。我心无二念地遵循着由来已久的观念，比如，首选理科，只有学不动理科才选文科。

我资质平平，理科更好一些。历史、英语、语文都不好，我做事情没有毅力和耐力，比如阅读、背诵这种积累型的。我从小是以结果为导向的，比如数学，解一道题，能算出一个答案来，对我比较有驱动力，奥数得过奖。但是理科学得好，跟做研发也没有必然联系，是取决于性格。做研发要能静下心来，有好的学习习惯，我都没有。我需要见到结果，追求新鲜。

那个时候没有选择，就是考上中学、大学。我压根没想过，如果考不上大学会怎么样。就像现在华为公司对待客户一样，承诺了，就不给自己留退路。

但是我追求新鲜的东西，而且很叛逆。

后来我有了自己的孩子，我试图追溯自己叛逆的原因，很简单：没有满足。

我从小学五年级开始，进入所谓的尖子班，一直都是那个班里的倒数，总是在淘汰的边缘，所以到现在都有点不自信。而且越往后越难，每天的卷子多得跟雪花一样。高二就学完所有高中的课程，全体参加高考，学校要求我们都演练一下。你不知道有多惨，有些人在演练的时候考上清华、北大，但是没有正式学籍不能上，第二年却失之交臂。

这种成长方式对你有哪怕一点点的好处吗？

没有，只剩摧残。全无正面影响，叛逆也就是从这里萌发的。

每天的生活按部就班，早上6点到校，晚上九十点到家，休息时间只有周六晚上和周日下午，没有节假日和寒暑假。我现在都还记得，有一次春节，全校都放假了，就我们那个班还在上课。外面飘着雪花，很安静，雪花一片片掉下来，积得厚厚的，上面一个脚印都没有。现在回想起来，真的好凄凉。高考完以后，我把所有的书都烧了。看着火焰把它们一点点吞噬，魔鬼终于化为灰烬，我把自己的对手消灭了，解脱了。

我想，我性格里sharp（尖锐）的部分就是在那种竞争机制里滋生的。一直在淘汰的边缘，每天都在想办法survive（求生），进步一点，不被淘汰。我就是要生存，要不惜一切代价拿下。

上个星期，我在上一门心理课，老师给我做了个分析，我的话语像一发发的炮弹打出去，老师说，你这个人天生就是做销售的，不做简直就是浪费。事实是，我做了销售以后，真是有很大的成就感。

回想我人生的每个阶段，靠的都是最后的冲刺。比如高考，我平时100 名，高考挤到 30 名。就连生小孩也这样。我痛点很低，目标是用最不疼痛的方式生。在咨询了一圈后，我决定顺产，但是我前八个半月都没有做什么，就老是躺在那。一直到后面一个月，我开始走路爬楼，把我能找到的所有有利于顺产的事都干了。快生了，我很害怕，跟我老公说，我要死了，我昨晚梦到自己死了。我老公说，不用怕不用怕，你看看你，一直都是这种冲刺型选手啊。虽然现在看着懒到不行，最后表现一定会不一样的。整个生产过程非常顺利，两个小时就搞定了，我就觉得自己又超常发挥了。

所以在我的性格里，很认可的事情，我就会全力以赴，发挥到最好的状态。比如母乳喂养，我认为很重要。那个时候刚升 manager，特别忙，我还是坚持到了孩子 1 岁。经常出差当天来回，早上 3 点起来赶 6点的飞机，工作完了晚上 10 点多再回来。有时候必须外出几天，就把孩子和奶奶都带上，和我一起住在酒店，我中途回来哺乳。

但是其他事情，比如给小朋友洗澡、洗衣服，经常被老人"修理"，说不讲卫生。

这些都跟销售的要求非常契合。

什么机缘之下转身成为销售的？

我本身性格比较外向，喜欢跟别人聊天分享。在华为的时候，经常见到供应商，跟他们聊天。一来二去，他们觉得，这个小女生还不错嘛，开朗、聪明、能 get（抓住）他们的需求，跟他们公司的契合度很高，当时挖我的公司还挺多的。

如果一定要总结个因果关系，就是在有所选择的时候，把真实的自己释放出来吧。

这一点上，我对华为一直心存感激，它给了我展示自己的平台。但是更感激的一点是：它教会我很多东西，并不是专业技能方面，而是对待一份工作的态度。这是一个人从学生到职业人的过渡期，在此期间我形成的思维方式和习惯是，专业、认真、有责任心。即使有些事情是找别人帮忙做的，我也会给出一个负责任的结果。这也为后面的工作提供了很大的帮助。

外面大部分人不了解华为，老是在那里乱讲，有时候朋友聚会他们又在那夸大其词，我还会冲出去维护，我老公就跟我急，你都离开华为了好不好。

让人欣慰的是，华为的口碑现在也越来越好了，原来很鄙视华为的人，现在想去还去不了。以前跟别人说我是华为的，都要收到同情的目光，现在好多了。十年期间，江湖地位大涨。这些跟着华为一起成长的人，如今也都步入中年。那可真是抛头颅洒热血，奉献了整个青春啊。

我发现，我想问的问题，你自己主动都聊了。思路很清晰。

这是做销售的职业敏感，对别人的期望会有一些预判。

但是，每个阶段都有每个阶段的问题。

我崇尚的自由，做销售能给我一部分，但是自从做了经理，在职业经理人的位置，有很多要求，不能迟到、早退，别人都看着你呢，公司要求的都要完完整整执行。这份工作是不是我想要的？我开始怀疑。销售肯定是，从这里面我获得了实实在在的成就感，每完一个案子，都有不一样的收获，感觉自己不是一个普通人，我做的东西跟别人不一样。没有人像我这样。

　　但是又会质疑，公司的要求，有那么重要吗？培训的时候不能迟到，听一些无聊的东西还要去迎合。要克服自己内心的负能量，我可以做，也觉得这不是比赢项目更难的事，但这是我想要的吗？所以我也在想，自己是不是适合做职业经理人。有些人是适合的，完全不觉得这些事情有什么。我太随性，就希望半天把该做的事情做了，剩下的时间自由支配，我就是公司的资源，有需要了我就过来，不要一直对我指手画脚。

　　前两年我是非常 enjoy（享受）的，一直在成长，管人也觉得挺新鲜，可以影响人，甚至改变别人的人生轨迹和方向。和团队也相处得很愉快。可是继续下去，有太多的核心价值以外的事情。我会问自己，这些有意义吗？如果有意义，我就说服自己，做到并不难。没有呢，我是不是有别的路可以走。我不是一个有巨大野心和欲望的人，就是不想浪费时间，做违背心意的事。

　　另外一种声音：人在不断成长，现在觉得自由是最想要的，但是尝试这件事情自己能不能做，何尝不是另一种自由。当你已经适应了那些生活，也就自由了。我就在想，我是不是该继续，变成一个自律的人，拥有更大的自由。

　　最后，关于进外企的英语问题，我是这样看的。英语就是一种工具，跟学习电路知识一样。首先，要重视，不要回避，承认自己的不足。然后，找方法。一、找培训机构系统地学习，我当时就是这么做的，帮助还是蛮大，最有意义的帮助是，能看到自己的问题。二、自己在意愿上重视，不要害怕，多说，每一次开口会更加自信，良性循环，就是学说话嘛，慢慢就适应了，只要你在这个环境里，基本的交流没问题。至于书写，中国人在这方面的训练还是很多的，基本不存在障碍。三、在外企，不是只有英语好才有出路，英语只是基本工具，不要成为最大短板，要在可交流范围内。当然英语好，会成为你的优势。即使不好，不会很大程度妨碍你从底层往中层的发展，再往上，会有更高的要求。

杨树：从研发到风投

华为是个信息孤岛，好多人都觉得出去找不到工作，没有安全感，我当时也是这么认为的。你看啊，同行业的公司所剩无几，外企都在萎缩，国内的公司钱少、氛围也在学华为（很多还学歪了），骨子里都有点看不上。小的科技公司呢，当时也不懂，不懂其实就成了意识里的不存在，对其他行业又无知。抱着那样狭隘的认识还真是玩完了。

所以当时从华为出来的时候，我分析了自己的综合能力、个性、喜好，定了几条原则：纯技术不做、要求笔试的不去、进入创业相关的行业。依着这个原则我针对性地投了几家，然后收到了一家央企的面试通知，是它们下面的一个孵化器部门，面试了好几轮，主要是对一些企业的判断、前景、行业分析……相关话题我提前看书做了些准备，但是这跟在华为做项目的背景、形成的视野是分不开的。最终过了。

就在这个团队做项目经理，开始了我的天使投资和 A 轮投资的运作。那个时候风险投资没那么火，刚刚起步，不像现在这么流行。我的工作内容就是研究行业，选择一个行业，在这个行业寻找团队项目去沟通，最终挖掘出有前景的创业项目，投钱，让项目运作得更好，从中获利。本质是寻找的过程，是双向的。我因为华为研发的背景，一直在科技类行业找项目，经手的有好几家都起来了，也挺自豪的。后来有了新的机会，跳槽到另一家央企背景的基金，做中后期，也就是 B 轮、C 轮投资，有上市预期的。

这个行业呢，需要很好的学习能力、数据分析能力、行业判断力。至于项目能不能投，都有决策流程，行业里的老手组成的投资委员会投票决策。

做了四年多，要说有什么收获吧，一个呢，见的人都是行业里比较优秀的，创始人嘛。特别是这两年接触的，都是公司做到中后期的，人本身很优秀，有好的商业理念，对产品的理解都不错。个人能感觉到成长，视野格局都开始了，每成一个项目也很有成就感。但是刚起步，还没有形成个人的影响力。另一个呢，时间比较自由。比如今天，上午 10 点约人在这里谈事，早上先把小朋友送到托班，然后到这跟他聊，完了过来找你吃饭，下午 1 点半，旁边有个创业大赛去做评委。但是很多下班时间，项目的问题别人会在微信找我聊。被动加班的事情很少，自己手里项目多，就相对忙一些，没有人强迫，时间相对可控。

收入跟华为同等资历持平吧。我们的收益是短期收益＋长期收益，长期收益要等项目结束才能看到，有时候周期比较长。在工作范畴上，有很多跟以往完全不同的事情要处理，比如投资的钱从哪来、项目的方向，逼迫自己延展知识领域。这个行业呢，依靠个人比较多，不像华为已经通过流程摆脱了对人的依赖。这是行业的差异，目前看来风投更适合我的个性。

我刚到这边的时候，发现不用打卡，很不习惯。还有当时的办公室，出了门就已经在公司外面了，你是体验过华为研究所那种深宅大院的，哎呀，惶恐啊，就是《肖申克的救赎》里那种感觉。下了班也不用跟谁说，背个包就走了。以前得给大家打个招呼吧，刷个卡再走。关键是看着周围的人都不走，还挺心虚，不好意思走。现在都不用了，大家可以在办公室聊天，工作之外的事也随便聊，不到下班时间有事也可以提前走，上班期间需要去医院也就去了，没有什么负罪感。以前都不行，虽然在项目交付部相对自由，也是要跟别人说一声才敢走。不适应啊不适应！第一天从那儿下班，才5点钟。8月份，明晃晃的太阳挂在天上，很梦幻。好久没有在天亮的时候从公司出来了，见到太阳一阵恍惚。我把这种感觉告诉周围的同事，现在被他们当成笑话来寒碜我了。

他们一般不会把工作排得很满，但我还是习惯每一天安排得相对比较满，就比如今天，已经排到下午6点了。这种在华为养成的自虐（高度自律、艰苦奋斗）精神看来是要伴随一辈子了，不过现在心态放松了，觉得这也不失为华为给我的一件珍贵的礼物。

05 职场精进

> 社会财富从来不是被分配的，而是需要人们去主动
> 获取。
>
> ——谢丽尔·桑德伯格《向前一步》

华为人普遍缺乏自信。

一位前同事曾经分享过他的求职经历：

"我无法找到同行业里合适我的岗位。找了一些友商的朋友推荐，也都没有。

"有一天，我以前在华为的老领导问我：'你想做什么岗位？'我说我想过了，研发我不想再回去做了，因为我想多接触客户，了解行业和友商。但国内销售人员的生活状况我也不喜欢，经常喝酒，身体受不了。我可以选择研发和销售人员之间的岗位，就比如华为的产品管理或市场技术。

"他看着我，叹了一口气，忧伤地说道：'我们华为的兄弟就是不够自信，你觉得除了华为外，其他哪家公司的产品管理可以给得起你期望的待遇？外面都是小公司，这种岗位可以胜任的人一抓一大把，你的价值在哪？我觉得你这样在研发部门写过四年代码，做六个产品 SE（系统设计师），又做过三年销售的，完全可以找个分公司总经理或者总公司副总的岗位试试。外面的小公司，几十个人，上百个人，不像华为，

动辄一个小部门就几百人。'"

一语惊醒梦中人。

在华为，公司庞大，从老板往下到自己，好像有数都数不完的阶层（当然阶层是数得清的，就是每个阶层还有很多领导，就数不过来了）。基层员工主要接触的就是项目经理、部门经理了，像上面那位老领导说的，一个部门，甚至一个项目，动辄百人，在华为人眼里，部门经理就是个很高的职位了。基层员工的视线也就到那了。事实上，华为的一个产品 SE，常年也做着几十个人的技术管理，只是这个团队在流动，就把自己归为单兵作战的光杆司令，眼里只有最基础的岗位，而忽略了自己的宏观管理能力。

蔡韬：飞鸟不依旁枝，所依唯有自己的翅膀

离开华为之后，我先在一家乙方公司做设计，就带三四个人，主要做高端项目，当时搞这个产品的在业界还很少。之前我的理论功底已经比较扎实了，在这期间，有了深入练手的机会，项目数量非常多，经验呈指数增长，这在华为是不可能获得的。你知道，在华为，这种高端项目会作为预研，一般都是资历比较深的专家做，而且周期比较长，因为流程限制，不可能快。

两三年后，我进入了猎头的视线，他们经常推荐岗位给我。遇到这家外资 500 强的企业，要建立全新的团队，发展空间和自由度都比较大，没用太长时间考虑，我决定加入。这里，我又实现了个人更高的价值，打造了这个业务领域的团队，构建该领域的研发平台和流程，也培

养了不少人。一来二往，我在行业里积累了很好的口碑，慢慢名声就做出来了。

在事业发展的宽度和深度上，我更适合做深度，这是当前我对自己的定位和认知。所以做到部门经理和领域首席，我已经很知足了。后面，我还会继续往深度发展，希望能在行业里形成一定的影响力。

因为目标明确，这十年间，我基本上专注于自己的技术领域，持续学习，往精深发展。即使后面也有不少管理性的工作，我都把自己定位成技术管理，没有分散太多的精力。任总曾说过，"板凳要坐十年冷"，"烧不死的鸟才是凤凰"，我这个离开了华为的人一直在践行啊。

但是话说回来，我觉得自己的职业生涯只能算刚刚起步，经济压力也小了，才有了自己决定命运的基础，有了选择生活方向的勇气和能力。所以，我又离开了。

我总是会在状态最好的时候，去规划下一个目标，也许正是因为现在已经是当前环境里所能拥有的最好的状态了，才觉得有必要去突破。似乎有点矛盾啊，本来嘛，人就是想法多……

如果继续下去，我应该还会是一个非常优秀的工程师，一个有着体面工作环境的白领。但同时，内心深处的不安也会出来叫嚣。我喜欢有挑战的工作，不喜欢墨守成规，不喜欢安于现状，希望能够身心自由地去做有创造力的事情，而不是人浮于事，终日困于繁琐和重复。

至于收入，目前仅是第二位考虑的因素。

于我来说，每一次择业，都是事业，而不仅仅只为一份工作。这一次，我要把自己心中的产品亲手生产出来。

杨洁：以退为进

我又回到了十年前离开的研究所。

开始，我觉得挺不好意思开口的，都是以前认识的人。所以还是自己在社会上找工作，找来找去，都不是那么合适。

最后还是跟这边的领导联系，看有没有合适的职位。因为了解我的为人，也知道我做事情是靠谱的，他说你就过来吧，走个流程面试一下。过程很顺利，把在华为做的项目说了一下。

就这样，兜兜转转，我又回到了原点。

但是，我们对彼此是有所期待的。我接手了一个二十人的技术团队，管理技术一手抓。

我离开的这几年，大家做了很多产品，同事们带着我，看，这就是我们做的东西，这个是什么模块，那个是什么模块。看着都很不错啊，我就想知道更多的细节："设计文档能发给我一下吗？"

"那个没有，有原理图。"

原理图怎么看啊，我心想："那说明文档之类的有吗？"

"只有原理图留下来了。"

我知道了，跟以前一样，靠的是口口相传。

所以我到现在还没搞清楚，这几年到底做了多少产品，技术水平在哪个程度。

有一次测试，几个员工就一个测试频点争论起来，这个说好像是这个频点，那个说是另一个，以前为什么测这个频点？一堆人在那想不起来。

我回来以后把服务器搞起来了，大家该归档的归档，该写会议纪要的写会议纪要，不能再让项目"裸奔"了。这样可以有继承性，后面项目的效率更高。

后来我带着大家在外面测试，关键场景都会拍照，回来图片归档，频点标示，写清楚为什么选这个频点。现在大家都开始按照这个来了，所以还挺有成就感。他们也觉得我还是有点路子的，跟他们的侧重点不一样，以前只埋头于具体的电路实现，现在有了系统化的思维。

我原来在研究所这个部门的时候也是一两个人白手起家，对基带还是比较懂的，到华为以后，又扩展到射频、性能、算法，因为做系统设计，其他领域也有涉猎。所以在技术上，我也把华为一些好的工具、方法引入了。比如 RTWP（接收宽带总功率），他们以前都不知道，我告诉大家这个概念以及怎么测试，用了以后发现特别好，以前都不知道基带收到多少功率；算法方面也提了比如窄带陷波等思路。华为的积累还是很有用的。

华为流程化的管理思想其实很好，但是在大公司执行的过程中没办法人性地调节，显得比较僵化。在小的开发团队应用，好处就是可以有一定自由度，或者说有选择地发挥，因为人少嘛。这次我带大家去外场测试，回来就召集开会，每天也会发日报，开总结会。文档、原理图、实验报告、测试数据都归档。在华为的时候，这些过程都是自然而然发生的，从来没有想过如果没有流程会怎么样。大家老是因为流程在一些地方的僵化而批判，实际上，大公司没有流程就没法运行，而且事实是，华为因为流程，作为体量这么宏大的公司，效率也已经非常高了。当然，真是旁观者清啊。

另外呢，我还引入了路标规划，对我们产品涉及的关键器件做规划，提前导入供应商信息，跟踪业界的发展，不是等到要用了被动地去寻找。这是前所未料的，华为的做事方式，经过十年的浸润，悄无声息地种在了我的血液里，一遇到问题，就自然而然地生发出来。

我在华为的十年，整个发展是这样的：充满热情飞速成长的三年——扎扎实实做项目的三年——失去存在感寻找突破口的三年。到最后，完全找不到个人的价值了。这也许是很多人的职场路径吧，只是有些人找到了突破口，有些人没找到。人和人之间的分水岭也就是从这里出现了。我想，我是换了个地方找到了。

站在现在的位置，在很多人看来，是殊途同归，或者回到原点。但是只有我自己知道，太不一样了。以前大家经常讲一个故事："一个每天打鱼晒太阳的渔夫，问那个工作匆忙的年轻人赚这么多钱干什么，年轻人说，为了以后打鱼晒太阳啊！"好像是一个悖论。但是我想，当那个年轻人不去做中间的任何努力就来打鱼晒太阳的时候，心境完全不一样，他不会有万水千山走过的淡然。回到原点，在别人眼里，看似做了一场无用的挣扎，但是在自己，是蜕变。走过无数弯路，也好过原地踏步。

有句老话：在时不称颂，只行事；去时不相弃，只念恩。我的每一次离开，都不是因为单位不好，是我想自我突破。而每一次新的选择，也是因为认可，什么事都不是完美的，它在那个阶段就是我最好的选择。回来以后感觉更深：当年我是从这里走的，十年以后回来，它还是个小作坊的状态，但是因为我去了华为，我自己进步了，我就能带着新鲜的东西回来了，为团队做更大的贡献。

当年我离开研究所的时候，我老公说，你读完博士，在那待着多好啊。后来我要离开华为，他又说，不爽就不爽啊，看在钱的份儿上。

一个不是高度自律或者在华为待过的人，估计很难理解那种身心分裂的"不爽"！在华为工作时，就算今天啥事都没有，我越是坐在那里什么都不干，越是心里发虚。但是现在不会，没事就放松地坐着，聊聊天，哪怕发个呆。在华为，我会想，这样我的绩效怎么办，不干活领导会不会觉得我工作量不饱满，大家都在忙，好有压力。你无法理解那种莫名的心虚。每周一的例会，要通报上周的工作进展，大家都做了那么多事，你做那么少，或者没有分量，打眼就能分出个等级来。所以一定要给自己找事情做，研究某个后面可能会用到的技术点、为已经有点苗头的项目做技术储备；近期哪个技术点有困难，提出一些新的思路；或者积极主动承担部门的公共事务，去给大家讲课啊。一句话：工作永远是做不完的，没事找事，没有困难制造困难。

现在的情况是，忙一阵子，就可以让精神放松一下。比如前阵子带着大家出去做实验，回来要写报告、评审、复现问题，也是连轴转，过一阵子就好些。我们今年春节后三四个月，也很忙，每天晚上加班到8点多，但是差不多一年也就那么一阵子。在华为，我的节奏一直停不下来。一个完了，紧赶着下一个就来了。

这也说明，任总是闲不下来的。现在的华为，影响的不止十几万员工，还有整个产业链，而且带动着整个行业快速发展。能从任总的身上感觉到骨子里的那股劲儿，冲劲儿，企业家精神。所有的策略都指向一个目标：公司持续发展。我们这些普通人啊，在一起老是讨论退休养老稳定什么的，想想自己还没到他创业的年龄，惭愧啊。我就忍不住想，是什么力量在支撑一个年过七旬的老人如此拼命呢！

说到收入，因为政策性的原因，去年效益不是很好，所以相对华为的收入，是降薪的。没办法，以前的年收入比这边的领导都多，所以我过来就没谈薪水。但是今年的项目还不错，期待劳有所获。研究所7月底有半个月的高温假，也算福利啦；然后也有单位组织的活动，比如工会带着孩子们出去旅行，大人不用跟；周末经常利用自身的科技资源，给孩子们搞一些科普活动。

我现在跟我的工作还在蜜月期，热情高涨，希望这一拨的热情能够持久，为研发团队、为我们的产品，带来不一样的气象。别搞得像是跑回来养老的，哈哈。

06 逃离北上广深

> 一个人只要知道自己真正想要什么，找到最适合于自己的生活，一切外界的诱惑与热闹对于他就的确成了无关之物。你的身体尽可能在世界上奔波，你的心情尽可以在红尘中起伏，关键在于你的精神一定要有一个宁静的核心。有了这个核心你就能成为你奔波的身体和起伏的心情的主人。
>
> ——周国平《只有一个人生》

2009 年，电视剧《蜗居》火了！现在回过头看，那个时候的房价还是相当低的，但是敏锐的作家已经捕捉到大城市年轻人对房子的欲望，而那种欲望，随着房价的飙升就再也没有减弱过。

2010 年，当"80 后"开始"奔三"，结婚生子直逼房产却买不起的时候，"逃离北上广深"成了一种选择。

也就是在这一年前后，华为先后在成都、武汉、西安、杭州等省会城市建立了研究所。老板肯定也是觉得，北上广深的人员这么扩张下去，他也养不起了，毕竟他是希望大家都过上体面的生活啊！人员来自两处，一是本地招聘，二是在职员工可以申请转地域。一时间，年轻人蠢蠢欲动，午饭后的散步都围绕这个话题，尤其是研究所在自己家乡的。但争论的焦点无非是：到底哪里好？

2011 年 8 月份，孩子出生还不到两个月，楼上的人家开始装修了，电钻和各种敲打声不绝于耳。我和先生一对接，立马达成一致：带着孩子回西安老家，等产假休完了，他们也该收工了。

订了第二天的机票，我和母亲抱着小小的婴儿，带着极其有限的行李，离开了蒸锅般的上海。

已过立秋，彼时的西安早晚凉风习习，不用开着空调，每个毛孔都干干爽爽，可以敞开了呼吸。家里的亲戚们此来彼往，拉家常、逗小孩。退休的小姨住了好些日子，帮助母亲照顾我们母女。她们告诉我，过了百天才能碰冷水。那些日子，我就是好吃好喝，逗逗孩子，什么事都没有，就连晚上，母亲为了我能休息好，孩子也主要由她照管。所以休完产假后，我的身体比以前好多了，之前的一些小毛病都自己消失了。

幸福飞逝，两个月的时间眨眼间就剩个尾巴。

眼看产假结束，返沪的日子越来越近，我恋恋不舍，不想离开。

其实在华为西安研究所建立之初，我也是蠢蠢欲动的一员。可能是因为我那个时候已经在上海买了房，还贷压力也不大，并没有十足的动力吧。而这次，是从读大学开始十几年来，第一次在家住了这么久，情感起了作用。我认真地审视起这件事来。

为了避免感性、武断，我拿出理工科的严谨务实，列了一个表。第一列写下两个城市的影响因素，第二列是上海的优缺点，第三列是西安的优缺点。一个人坐在那，写了大半天。最后的统计结果不出所料，西安完胜。

我变得坚定起来，不管是从感性还是理性上来说，离开上海回西安都是明智的选择。

　　于是我跟先生商量，我们之前不是想过回西安吗？要不然就趁此定下吧，我把我的若干理由讲给他听，电话的那头，居然也同意了。毕竟，这是一件大事，当时觉得特别大的事，就像移民美国的朋友决定回中国定居一样是传统观念里的一种撤退，这个"退"字在鞭打着我的理性和虚荣。我心里虚晃晃了几日，又想赶紧跟主管说明，尘埃落定，又害怕还没想清楚，说了可就没有回旋的余地了。一直拖到最后几天，还是很忐忑地跟西安平行部门的主管通了电话，看看还有没有空缺，又跟上海的主管通电话，说明此事。一切顺利。随后，先生也向部门申请了平行的调动。

　　2014 年 8 月，时隔三年，我们一家人，开着一辆车，载了所有的细软又返回上海。我在出发的路上，发了一条朋友圈："我步入丛林，因为我希望活得深刻，吸取生命中所有的精华。把非生命的一切都击溃，担忧、拘谨、小气都击败。以免当我生命终结，发现自己从没有活过。——电影《死亡诗社》"

　　一是要离开华为，二是奔赴新生活。

　　途经洛阳，对比了拥挤凌乱的老区和规整开阔的龙门新区，我心里想的是：城市必须推倒旧的才能大刀阔斧建设新的。人也是一样，把所有的旧事物、旧观念全部推倒，才能开创新的局面吧。

　　再一次生动地印证了，心里想什么，就会看到什么。

　　我是逃离北上广深的失败案例，导火线依然不足为道又事关重大：小朋友要上幼儿园了，她的户口在上海，西安不好入园，而上海的房子对口着一所市级示范幼儿园。

　　这次，是先生提议回上海的，他以此为由。

　　我又默默地把三年前列的那张表单拿出来，开始回顾：

1.我喜欢爬山，可是上海最高的佘山还没有金茂大厦高。西安南面的大秦岭，延绵八百里，七十二峪，都是爬山撒野的好地方。然而，西安三年，孩子0～3岁，我也就带她到过开车可达的地方，玩个水，吃个农家乐，次数有限。总结：生活不在状态的时候，再多的资源在你眼前，都是视而不见的。

2.西安有暖气，上海的冬天又湿又冷，洗个衣服几天都不干。这个是实实在在的好，然而，这个不是不能解决的，重返上海后我也给家里装了暖气。总结：遇到问题不想办法解决而是转而求其次，似乎已成惯性。

3.我长在西安，读书也在那，朋友同学多。在上海就是几个从小一起长大的闺蜜，大学、研究生时期的同学、舍友。然而，常见的总数差不多。总结：没有深厚感情或者生活交集的朋友，即便在身边那也是形同路人啊，况且我还在大华为加班呢，没空也没花心思去经营这些关系。

4.发展前途：都是在华为啊，没有什么差别（那个时候，我可是打算在华为终老的）。除了为自己的浅薄和短见"打脸"外，无话可说。

············

十条里，只有一条是在上海无法弥补的，就是离父母近。那三年，我们和孩子在身边，而他们还在自己熟悉的环境里，带着孩子欢快地笑，和老朋友活动起来自由自在。这个朋友在高山水库钓到好鱼了拿一条，那个朋友送来几只土鸡，常年不断的土鸡蛋，亲戚自种的绿色蔬菜，小朋友一直吃得很健康，也充分享受着老一辈的宠爱。这份爱深深植入了心底，就像种植庄稼时的底肥，一辈子都将悄无声息地滋养她。

当一个人潜意识里想要干一件事的时候，就会下意识地寻找利好因素来支撑，以使自己安心。再拿起这张表，我便不能心安理得了。

人是在不断变化的，因为成长而变。不同时期，我们会处在马洛斯需求（人本主义科学的理论之一）的不同层次，所考虑的影响因素会完全不同。每当满足了这一层次的基本需求时，就会想着突破下一层。

我问先生："你呢，觉得上海有什么是西安不能给你的？"我心里知道，孩子上学的事就是个借口，上私立学校就可以解决啊，实在不行还可以把户口转过来。

"创业环境。"他说。

"具体怎么说？"

"你看啊，现在你要做成一件事，就需要聚集一批人，北上广就是人才聚集的地方，什么人你都能找到。而且资源、资本也绕着那些人。如果只是过过自己的小日子，或是只需要一个人就能完成的事业，就像工匠，在哪里完全无所谓，甚至小城市更好。"

这个我完全同意，在 2014 年的那个夏天。

他有他未竟的梦想，我有已经了却的心愿。

重返上海的决定，几乎跟回到西安的决定一样，我们一下子就拍板了。

如今重返上海，又过了三年。因为有过这样一段经历，很多朋友在面临选择的时候来咨询我，我就正经八百地想了这个事。突然意识到，我们都搞错了一个大前提，想当然地去比较两者的好坏，然后选好的那个。为什么这么说呢？

从宏观上来比较，医疗、教育、基础设施、就业环境、文明程度……一定是大城市好，这不光是数字统计出来的，也是无数精英用脑袋投的票。

但涉及选择，就成了私人的事情，比较的对象本身是瞬时而感性的。比如，当你收入还相对低的时候，你就会把经济压力当作首要因素；而在你遇到感情的打击甚至职场不顺的时候，你又会以人情冷漠为由……所有的理由，是随着个人的状态而变化的。

唯一不变的是，你想要过什么样的生活，想要成为什么样的人。那就看看，这样的群体样本聚集在哪里？

对我来说，如果不是那三年返回西安的经历，就不会有现在的安心。满足过，就不会纠结。实践了一遍发现，生活在哪里都是一回事，无关地域，仅仅取决于自己彼一时的需求和对待生活的态度。

2010 年左右，随着华为在各地的研究所陆续落成，很多北上广深的同事如愿回到了自己家乡附近的研究所。比如西北的回到西安，江浙的去了杭州，西南的到了成都……如今这么多年过去了，有些已经离开华为，但是无一例外，都在当地安居乐业了。

当年为什么离开？七八年过去了，有没有偶尔对自己的选择有所质疑？

金玲：房子给不了归属感

当时在深圳，虽然买了房子，但还是没有归属感。父母、亲戚、朋友都不在身边，有事情没人照应，可能我和老公都不是特别独立的那种人吧。而且当时来深圳本身就是没有选择的选择，因为在西安没找到合适的工作。正好西安研究所成立，顺势而为去西安吧。

回西安这么多年了，到目前为止没有后悔的地方。可能跟孩子小有关系吧，教育方面的差距体现不出来。相反觉得全都是好处：一、生小孩，孩子的爷爷奶奶就在这边，不存在离得远、水土不服的情况，我没什么犹豫就生了两个孩子，有人照管啊。像我爸妈在外地，他们就不太愿意过来，这不适应那不适应的，觉着不方便。二、遇到一些大事，比如生病住院啊，整个家族都在这边，可以分担照顾，也能分散焦虑感。三、买房的优势跟北上广深相比，那是非常明显。像我们两个人在华为的积累，在这边轻松买个别墅，就连刚工作两年的年轻同事也可以首付一套小房子，北上广深可就没得比了。

关于存疑的小孩的教育问题，怎么讲呢，每个城市遇到的问题都一样，抢占优质资源，在西安，我们还有抢占的资格吧。加上现在网络在一定程度上把教育多元化了，资源丰富，信息互通，大的方面差距不大了。你说见识上存在差异吗？也不见得，现在交通那么方便，西安也有机场，还不是说去哪就去哪。可能教育的差异功利地讲，最终体现在高考上，其他地域要考上北京、上海的好学校比较难。但是这个事怎么说呢，跟每个家长的期望有关，我觉得做个80分孩子就行了，人生是场马拉松，靠的是下半场的耐力。

话说回来，我们可能也是因为在深圳待过了，知道了在外面生活的样子，所以回来后就很安心。如果年轻人有出去闯荡的想法，一定要去啊，体验了生活才知道它本来的样子。所谓"有人漏夜赶科考，有人辞官归故里"，对生活，不同阶段有不同的认识。

景浩然：回来是事业

我离开华为后，从北京回到家乡云南，因为这里有我后半辈子想做的事业，种茶、卖茶、推广茶文化。我从小就是在茶园里长大的，离开的时间越长，越是想念那里的茶香和空气。现在很多人一遇到困难就想着逃避，二线、三线城市，大理或者家乡，不是给你逃避或者抚慰的，也是要你来做些事情的，否则没有意义的生活，还不是飘飘荡荡，一样不安心。

有句话说：想，都是问题，做，才是答案。遇到问题，制定可行的方案去解决。逃避、堵在心里任其腐烂，只能制造新的问题。

这个选择我完全没有纠结。在这里孩子的身体更健康，相比上名校，我更希望他健康。我从这里出走又回来了，也可以给他这个选择的权利。

马莹莹：我曾看到大树根系枯萎

我从小跟爸妈关系比较亲密，不能容忍长时间的分离。现在看着他们慢慢变老，更觉得需要我的照顾。我真是把我爸妈当孩子在养着啊，我是说心理上。虽然在实际生活里是他们做饭给我吃。

还在上海的时候，我辞职自己带了一年孩子，跟小区里的一群爷爷奶奶混在一起。除了聊孩子，他们老是在那倒计时回家乡的时间，什么时候另一方的老人过来换班。说到一件什么事，有个奶奶的一句话我印象特别深："待在这我们只有干活掏钱的份儿，没有说话的份儿。我们哪有发言权。"上海的房子那么贵，像我们外地来的，一般没有经济实力买两套房子分开住，很多老人是有种寄人篱下的感觉的。越跟他们聊，我越觉得这些老人不容易，在自己家乡的土壤里扎了五六十年的根，就这么被拔出来，扔到另一片陌生的土壤里。和我们不一样啊，我们有事业、有社交，就像种子，扔出去是能生根发芽的。可他们只剩下孩子和锅台，长不出根来。

等我开始上班以后，就搬回成都父母身边了。我没法想象，让他们离开自己熟悉的环境，就为了给我看孩子。他们有自己的朋友圈，我没有权利让他们跟自己的过去割裂开。话说我们的父母这一辈人，太能忍辱负重了。

对这一选择，我完全没有过质疑啊，我就是想过自己的小日子。每次跟生活在北京上海的闺蜜约旅行，她们会整齐地跟帖：没钱，没时间。都什么人嘛，个个住着价值千万的房子，拿着三万五万的月薪跟我哭穷。然后这个说，首付挤压了前五年的生活品质，房贷剥夺了后半辈子的生活。那个说，加班啊，要不然没法跟小年轻竞争，失业可就麻烦了。这不是生活该有的样子啊。只是偶尔会想一下，我是不是太不思进取了。转念又一想，我也在好好工作，还在努力做好妈妈、好妻子、好女儿，这不就是最该努力的地方了。算了，别没事给自己添堵了。

李伟：教育源于父母

当年离开上海是因为父亲去世了，我想把母亲接到身边一起生活，但是当时接来上海条件不太具备，毕业时间不长，经济上不宽裕。而西安呢，我在这边读了七年书，本身很熟悉，物价、房价都低，所以就过来了。

回来觉得很好。至于孩子的教育，都说上海相对先进吧。但我认为孩子的教育最主要不在于地域，而在于父母自身的影响和付出。我自己对生活满意，每天充满正能量，我相信我的孩子会有积极乐观的性格。

顾　　淮：在年轻人要不要因为买不起房子而回老家这个问题上，我只举一个例子，我刚毕业两年的时候，我妈就说，你回来吧，反正你在上海也买不起房子。但是我没有回去，后来在上海买了两套房，一套可以在我老家换一整个单元。你要看十年二十年。

倪　　云：我家里方圆三公里内，有好几个图书馆。图书馆里冬有暖气，夏有凉风，热水、手纸，宽大的桌椅。免费！里面除了读书看报的老人，更多的是埋头学习的年轻人，我喜欢这样的氛围。周末还可以去复旦大学、上海图书馆听顶级大师的讲座。这些时候，我觉得人生是有无限可能的。

罗镇远：你这会回去了，以后你家孩子还是要出来，一样的。

胡琼花：我是从三线城市来到了北京，确实在一开始因为房子和孩子上学的问题无助过，咬咬牙都过去了。几线城市不是问题，重要的是一家人要在一起。

07　女性：事业和家庭取舍的智慧

> 就如一棵树，从一粒种子开始，渐渐拥有发达的根，
> 茁壮的干，茂盛的枝叶，繁密的果实。四季中它有不同
> 的姿态，岁月里它有不同的承担，不能要求它同时拥有
> 花朵和果实，但成长是它不停的追求。
>
> ——杨澜《向前一步》序言

在一个母婴行业的论坛上，CEO 以男性为主，主持人提问的时候，
都是产品如何，唯独到了女性 CEO，问题变成了："创业要耗费很多的
时间和精力，请问您是怎样平衡家庭与事业的？"

大部分人听到这，可能也没什么意外，因为整个社会都在热议：女
性怎样平衡家庭与工作。大多数人的终极答案是不能平衡，只有选择和
放弃。

华为行销体系的总裁是位女性，很多次，她绾着长发穿着西装，站
在台上讲海外的工作，讲自己的成长故事，自信练达，她是来召唤大家
积极奔赴海外的。我们却在下面嘀咕：这么多年海外征战，那她的家庭
呢？孩子呢？她幸福吗？然后到了提问环节：请问您的家属有没有跟随
您去海外常驻？您是怎样平衡家庭和工作的？有孩子的女性怎么办？

如果同样的问题抛给男性总裁，一定会被认为脑子进水了吧！

男性于家庭而言，可以"不在场"，这是社会所默许的。

事实上，无论男女，一旦选择了事业，肯定是要放弃一部分家庭义务的，只是女性，在这个过程中要经历更多的磨难。最后，那位女总裁的答复并无特别之处，能做到那样的职位，远非"女流之辈"，她的思维她的行事已经与性别无关。她不是站在女性的立场，而是个体选择的角度。

另一件事，2011 年的美国，49 岁的安妮－玛丽·斯劳特从奥巴马政府的国务院政策规划司司长任上离职。她是身居该要职的第一位女性，上任之初，她说，这是她梦想的机会。就任两年后离开，她在《大西洋月刊》发表了一篇文章反思"为什么女性仍然不能拥有一切"。她坦言，她决定辞职，是因为希望和丈夫以及两个正在青春期的儿子在一起，她发现自己不可能在完成政府高级别工作的同时，满足两个成长中的孩子的需要，因此不得不回到工作时间较有弹性的大学。

"大学"！华为男性员工对配偶的工作期待里，大学老师绝对高居榜首！我那时候一听到谁的家属是高校的，心里就想，他可真走运，有条件少承担家务，能分出更多的精力在工作上并且不会引起家庭纠纷。

只可惜，像斯劳特这样在社会上有议价能力的女性必定是少数。她想平衡一下，还可以回普林斯顿做个教授。大把普普通通的女性，又能退到哪里呢？

与此同时，能够坐在一起讨论女权，做战略规划的女性，她们的家里，要么是外婆，要么是奶奶，要么是保姆（别的孩子的妈妈，别的家庭的女性，正在忍受跟家人的分离）替她们照顾孩子。一位女性"解放"的背后，是另一位女性的悲苦。就像一条女性压迫食物链。

虽然我很不愿意把女性作为这个群体中特殊的部分单独来写，但现实是：在中国，在通信行业里，女性的角色与众不同，面临的问题除了成就感、职业瓶颈，还有更多的权衡。现代育儿观念特别强调依恋、陪伴，无形中又增加了职场女性的负罪感。

斯劳特更是一针见血地指出："对于工作时间长，而且工作进度必须按照别人的时间表而定的人而言，不可能同时成为合格的父母又把工作做好。"那么这些"双重在场"（既在职场也在育儿场），"时间贫困"的职场女性，有什么化解的技巧，缓解取舍之间的焦虑呢？

汪子涓：以真心换真心

我是个好恶分明的人，把自己在意的事情安排好，不在意的就随意。

比如出去旅行做攻略很烦人，我基本都不搞。但是每个阶段的职业规划、孩子的教育、婆媳关系，我都会深思熟虑，下大功夫。我跟老公出去旅行，经常产生矛盾，我总是什么都不做，快到时间了匆忙订机票和酒店，甚至把这个球踢给他。我老公有能力把这事做好，但是他打心里觉得这是我的事，很多方面都是这样，所以心不甘情不愿。

我们家里，是老人承担了大部分责任。我老公说，我情商高，把两边父母都搞定了，让他们心甘情愿地做这些事情。还说我使了计，把家里的四个老人和老公孩子都管得服服帖帖的。比如说，小孩子被老人宠着，从来不坐小推车，就要人抱着，一坐上去就哭。后来两边老人交接，我跟老公自己带了一阵子。有一天在外面，老公去洗手间，我就强迫他坐，在那给他讲道理，如果你坐推车，我就带你干什么之类的；如果不坐，哭也没用。后来他就不哭了，哼起小曲来。我老公看到就埋汰我：看，你就是通过这种方式把我们都搞定了。

那你觉得我的结果是不是好的？

包括婆媳关系，他觉得我们家的好、融洽就是天然的。

我经常跟我婆婆吐槽：他一点都不像你，你就很好啊，很有同理心，换位思考，为别人着想，不知道为什么他就没遗传呢。把我婆婆夸得很开心，顺便把老公骂一顿，婆婆就会替我修理他。

有一次我婆婆手摔断了住院，我觉得这事很重要。平常你让我洗个碗我做不到，但是生病了是关键时刻，再重要的事我都要放下来，尽可能去陪她。也借此机会接近，说说心里话。我以前其实不是很好接近，但是我婆婆是个很好的人，她很想把我当女儿。虽然我们互相尊重，也没什么矛盾，但是我能感觉到她对我有更多的期待，想跟我更亲近一点，我也想啊，但是平时工作很忙，没有机会和方法，除了互相尊重没有新的发展。后来就趁着这次住院陪着她，把话匣子打开了，听她说心里话，那种隔了肚皮的礼貌客套一点点少了，彼此都更自在了。

这些看起来好像是我们彼此的性格造就了今天的和谐，实际上，我是实实在在花了心思去经营的。正因为经营得好，才看着自然啊，老人们把家事打理得井井有条，我也才能放开手脚在职场上去拼，皆大欢喜。

杨洁：遥控器妈妈

早上我和爸爸出门，老大还没醒。我们走之前把吃的东西给他热在电蒸锅里，牛奶倒好。等到了起床时间，我会打他的电话手表，确认他已经下了床才挂掉。以前试过闹钟，他摁了会继续睡。我估摸着时间，该是洗漱完了，再打过去，英语有没有听啊？让他吃饭的时候听十分钟英语，他就爱听三国水浒，一听起来就把上课时间给忘了。到了必须出门的时间，我还得再打电话确认一下。曾经一度，老大叫我"遥控器妈妈"。

因为家里只有一个老人，主要带老二，没时间照管老大，他从小学二年级就开始自己管自己了，自己吃饭上学，自己回家写作业。我也是在最开始的时候遥控，后来他形成习惯了嫌我烦，我也就放手了。他整体比较自觉，作业基本在学校完成，课外辅导班的作业、预习、阅读什么的大部分自觉完成，当然，我还是会忍不住看着他的时间表在下班的路上也遥控一下。

我现在上班距离很远，晚饭都是爸爸做的。我一回家，小的就黏着我讲故事，老大吧，有些资料什么的帮他找出来打印。

只是到了老大睡觉前我又要吼了：去洗手间，抱本书看，半天不出来。洗澡的时候一边唱歌，唱个没完，刷个牙也很慢，我就一直在那催。

如果从主观上评价老大，有担当，爱妹妹，学习自觉，生活独立；从世俗的角度看，他小学成绩经常年级第一，也考上了很好的私立初中。

小的呢，还说不准，但是特别开朗爱笑，喜欢跳舞。

我一直为自己没有充裕的时间陪伴他们感到愧疚，这些都算是安慰吧。不同的陪伴方式可能会有不同性格的孩子，用我们潜移默化的行动滋养出孩子内在成长的力量，或许就是教育最大的收获了。

胡琼花：一刀切开，不留余地

还没毕业我就梦想着有一个自己的家。一来华为，我就把租住的房子布置得温馨舒适，美美地过起了小日子。

房子就租在公司旁边，后来的生活经历告诉我，这真是个既明智又不明智的决定。

明智是因为离公司近，我每天可以吃自己做的饭。尽管我的厨艺不好，尽管我为此无法午休，我仍然很享受忙碌工作之余，那么一点点专心致志为自己做些什么的悠闲时光。我每天不慌不忙地起床、洗漱、步行上班，不用担心赶不上班车，也不用跟很多人挤在火柴盒似的公交车上，弄到鬓发凌乱，下车后还得狂奔着去打卡。

说这个决定不明智，是因为每次加班我都有被留下的理由。所以刚进公司那几年，我的生活简单到了极致，不是在公司就是在出租小窝。每天除了回去睡觉和吃饭，其他时间都是在公司设计方案、写代码、仿真和上板调试。奇怪的是，我当时一点儿也不排斥这样的生活。也是在那几年，我的工作能力直线上升，业务水平得到了方方面面的锤炼，工作态度及成果被一致肯定。所以，我迅速成长为组内技术骨干。

从华为离职后，带着孩子来到爸爸身边，我渐渐褪掉了女强人的坚硬外壳，内心的很多观念也发生着不可觉察的变化。现在的我，已经毫不迟疑地将家人健康和家庭和睦放在第一位。尤其是经历了与小朋友深度相处的一年后，我的内心变得柔软多情。

说到底公司与个人之间只是简单的雇佣关系，公司需要你的劳动获取利益，而个人需要通过出卖自己的劳动获取报酬。作为员工，可以以公司为家，奉献一切，这是个人追求，无褒贬之分。而公司也能为你提供展现自己价值的平台，对你的付出给予物质和精神上的奖励。但是，如果你想从公司得到家一样的回报，那是不可能的，即使公司有人文关怀，在那样一个大环境，能面面俱到吗？

以前部门有个小姑娘，刚检查出来怀孕高兴得不得了，赶紧报备部门秘书及主管。但是当时部门人手紧张，她一直处于加班赶进度的状态，在一次持续到凌晨的公关后，她就见红流产了。其实之前她已经表示过身体不舒服了。

我不知道是什么工作重要到主管可以忽视员工的身体状况，也不知道这个姑娘是否顾及考评而忽视自己的身体，更不知道她想到未曾谋面的宝宝是否会伤心。但我知道，工作导致的这种身体问题和心理问题公司是不会补偿的。所幸的是，她后来经过调养生了个可爱的宝宝。

反面例子之后再来个正面的。

在华为的时候，我对星期一既讨厌又喜欢。有时候太累，感觉周末太短，身心都还没有调整到比较好的状态，又要回到工作岗位。喜欢的是，每次午饭后的散步听同事们讲周末的收获。小朋友又学会什么了，干什么"坏事"了，又怎么玩得高兴了……在没有孩子之前，我完全不能理解，那么个小东西怎么就让人津津乐道呢？连工作中的硬汉也展现出了柔情。当了妈妈以后，孩子的可爱化解我那是分分钟的事情。

所以，我对工作和家庭的界线非常明确：工作时完全投入，工作之余和孩子的亲昵也是百分之百的不分昼夜。该干的活毫不含糊，该休的假也绝不手软，什么产检假、哺乳假你们不休我休，这样的调节也是为了更有心气去工作啊！当两者发生冲突，家庭为重。

生活简单但不枯燥，精彩又忙碌，累得歇斯底里又心甘情愿。

康乐心：不建议女性轻易离开职场。女性都走了，这个社会还有谁来替女性说话！

马莹莹：如果必须和父母生活在一起，一定要做到，让他们把这里当作自己的家，而不是别人的家。在定好家庭分工的大原则后，比如孩子教育的责任人、一家人的作息时间……不要对他们指手画脚。

夏　荷：关键时刻不要掉链子，上一个阶层，自由度就不一样了。

杨　洁：当年跟我一起做研发的几个女同事，相继都转到质量、办公室、后勤等边缘辅助部门了。

倪　云："身还在，心已远"，就是该做决定的时候了。但是女性不要把回归家庭当作自己的退路，那样的话会在职场上且战且退，最后真把自己给废了。回归家庭是一种选择，经营好甚至比职场还要难。

08　归处即远方

> 须知参差多态，乃幸福的本源。
>
> ——罗素《西方哲学史》

离开华为的人，在走之前，都会认认真真地筹划一件事：辞职旅行。

为什么呢？华为没有年休假啊！

我从提出离职到真正意义的离开，中间有五个月的时间。每天回到家，就在那琢磨我的清单：最想干的十件事，一条条写下来，又修改、调整它们的先后顺序，最后，把去西藏放在了第一个。

后来在华为内部平台看帖子，很多人一办完离职手续就上路了。一辆单车，从成都到拉萨，从深圳到广西、到贵州、到云南、到拉萨，从西宁到拉萨……

西藏能给我什么答案吗？对那片神奇的土地，已经从向往转为好奇。

高建红：出去，是为了更好地回来

我和老公一直异地，他在成都，我在深圳。

有一次短暂的出差，就一两天，我没有告诉他。那天下了班，我约了大学的舍友在淮海路吃晚饭，吃完饭我们俩在附近散步。突然，一个熟悉的身影进入我的视线，本该在成都的老公，正玉树临风摇曳生姿地迎面走来，酒吧闪烁的灯光打在他的脸上，粉白滑腻，怀里搂着个女人。我怔在那里，看着他侧身而过。

离婚。

我们相识三年，结婚才不到一年。

"你一个漫不经心的眼神，如大火席卷麦田，我把所有收成抵挡给一场虚妄。可是，即使是虚妄，我都极尽热爱，因为，我爱你……从未停止……"[①]

我整晚整晚睡不着觉。我憎恶自己，一定是我的某种残破才导致了这种厄运。我一遍又一遍回忆生活里的细节，一遍又一遍自我否定。我在疼痛里看着黑暗分裂成碎片把我吞噬，又看着晨曦一丝一缕地驱走黑暗。

白天，我把自己淹没在工作里，可是工作哪哪都做得不好，我也怀疑自己的工作能力了。于是辞职了。

但是，我不知道该干什么。离婚的事我还没有勇气跟父母讲，就一个人蜷缩在出租屋里靠看电影打发时间，无意间看到了《转山》。或许是出于对自己无能的反抗吧，从来没有独自旅行过的我决定去西藏。当然，我还是有点自知之明，没有徒步也没有骑行，我飞到了拉萨。然后，怯怯地住进了传说中可以结识"三教九流"的青旅（国际青年

---

① 引自茨威格，《一个陌生女人的来信》。

旅舍）。

老实说，我除了出差，几乎没去过什么地方。

每天都有人凑在一起包车出去，我本来没有计划，被一问就跟着走了。最后在西藏待了一个月。

现场采购装备，去了林芝、去了阿里、去了冈仁波济、去了珠峰大本营。

对我来说什么都是新鲜的，天大地大，吐故纳新。周围的人呢，跟华为人、跟我认识的其他人都不太一样。

水仙花是野生动物博士，专门研究藏羚羊，一年里有好几个月时间都在西藏。

阿成是个诗人，不过他没有留着凌乱的长发、蓄起胡须、穿得邋里邋遢。他看着挺阳光的，在大城市里经营一家书店。

琳姐是位退休的医生，她常年在非洲的红十字会做义工，深棕色的皮肤，大家开玩笑说，她要买身藏族的服饰进布达拉宫就不用买票了。

弓箭是一个 NGO 组织（非政府组织）的，做农村图书馆的项目。

Leo 和 Ella，一对来自澳大利亚的年轻夫妇，正在进行他们的 Gap Year[①]。

…………

在我准备离开拉萨的时候，去跟 Ella 告别，她拿出笔记本，给我看他们 Gap Year 的计划，下一站是尼泊尔，然后是印度加尔各答的仁爱之家。她还给我讲了特蕾莎修女的故事，我的好奇心一下子被激发

---

① 西方国家青年在升学或就业前用于旅行的假期，时间通常为一年。

了，就问我可不可以一起去。于是他们从西藏到尼泊尔，我回深圳办理相关手续。

一个月后，我们在印度加尔各答会面了。

我不知道一个瘦弱的女人，为什么踏出平和安逸的教会学校的大门，与乞丐和流浪汉为伍，到处筹集资金来服务这些最贫穷的人。到了那以后，我更加想不通，为什么有那么多的志愿者，从世界各地跑来，为濒死的人洗衣服、喂饭、清洗、安抚情绪。尤其是当我看着修女们蹲在地上，用刷子卖力地刷着粘在衣服上的大便的时候。有些人甚至常年在这里做志愿者，没钱了回到自己的国家工作一阵子再过来。仁爱之家只给志愿者提供一顿点心，他们需要自己租房子买饭吃。

Leo 和 Ella 都是有执照的医护人员，所以他们被安排给这里的病人打针换药什么的，我呢，就晾衣服、叠衣服。因为英语一般，所以跟大家交流不多，大部分时间一个人平静地干活，有时候堆成山的衣服，我坐在那一动不动，一叠就是整个下午。反倒每天都很平静。我想起志愿者登记表上的一句话："你需要我们。"这么多的志愿者不远万里奔赴至此，为了什么呢？那么我又为什么来这呢？

在"垂死者之家"做了十天义工后，Leo 和 Ella 又去了"儿童之家"，我直接返回深圳。没有了伤心，但是我每天很恍惚，总觉得这山河静好的岁月不真实。我时不时会想起通往"垂死者之家"的路上，那些衣不蔽体的人，想起他们若有若无地盯着你看但又很空洞的眼神，想起那些做了数十年的志愿者，还有那些服务一辈子的修女。

有些时候，我又在怀疑，自己真的徒步到了珠峰大本营吗？我靠自己能行吗？跟在一群什么样的人后面就会走怎样的路。当我走在登山者的队伍里的时候，他们会带着我前行。

凌乱了很长时间。我又买来了路上所见的相关书籍，关于特蕾莎修女的，关于西藏的，关于间隔年的。慢慢平静了下来，接受了这个世界在职业上、信仰上、价值观上等完全多元化的事实。

半年以后，就特别想工作，我也好好想了一下，自己喜欢、擅长做什么，我放弃了原来的专业，改做软件了，进展还不错。现在一切都往好的方面发展，觉得自己比以前要 open（开明）多了。

"你奔跑的时候恰好有人跑向你，路边的花都盛开了。"前几天，我收到了她的留言，大概是邂逅良人了吧。

其实选择高建红，我多有犹豫，因为她离开华为，完全是非典型。但最后还是坚定地选取了，是因为，她的精神状态代表了很多人。视界狭窄，所有精力都倾注在求学和工作上，对真实的生活，对外部世界知之甚少。没有遇到过什么真正的困难，当然，如果一辈子幸运地顺风顺水过下去没问题，但是谁又能保证呢？

另外一点，她的转变我特别有共鸣。

还在读大学的时候，我曾经和一群志同道合的朋友走过丝绸之路，一个月的时间里，除了视觉的冲击，更多的是各种价值观的冲击，现场其实不全是欢乐。回来以后，有半年的时间我都处于精神恍惚中，像是短时间内大脑里输入了太多信息量，还是颠覆性的，完全把神经给扰乱了。那段时间里，就像有几拨人马在脑子里战斗，此消彼长，争论不休。等我平静下来的时候，是价值观被集中修复后的豁达。

我也反思过其中的原因，景观只占一小部分，在此之前我也有过一些时间不长的旅行，没有过这种感觉。这些主要应该来自和人的接触，只有文化、行为、价值观的碰撞才有这种剧烈的斗争。这之后，我的理想旅行变成了这样：地方要少，时间够长，自助，发动双腿多走，拉下脸面多说多问，像当地人一样生活。

再说回我自己的西藏之旅吧。

话说"文青三大俗，进藏居其一"。我还是坚定地去了。

七八月间，我在青藏高原游荡了二十来天，从川藏到青藏，战线不短，走马观花。不可否认，我是带着朝圣者的心态去的，一路目睹山河壮美，却不时生出"目击众神死亡的草原上野花一片"的悲怆。满心虔诚地走进每一座寺庙，和见到的藏族群众交流，最后既无豁然之感，还留得一堆疑团。

后来，读了一篇长期跟随一队朝圣者生活的文字记录，忽然之间明了：朝圣者为什么会忍受几年肉体的磨难，去朝拜，意义何在？抛开信仰不讲，就我们常人，所从事的职业里也有风餐露宿的，比如军人，比如探险家，如果赋予这种艰难的过程一种使命，它便可以忍受。这种驱动力在于，不仅有内在的渴望，还有外在价值的认可。进行一次朝圣，首先，完成自身的使命，带来一次升华；其次，回乡以后，会成为荣耀世代传颂。

最重要的是，我们所看到的苦，并不是他们的苦。眼前的所见只是为了拯救更大的苦难。

我们都以为，走上那片充满信仰的土地，什么事就都有了答案。其实，答案就在心里，我们想要的，只是一个证明。

回来以后，我开始了系统的写作、阅读。那些孤寂、那些下笔无言的自我怀疑，就是我梦想朝圣路上的一个个叩拜。远方就在笔下，在此刻的心安之处。

一年以后，我用文字写下了那趟西藏之行的总结。

西藏，我走过山走过水，没有走过我自己

（1）

一座接一座的山，延绵不尽

车轮，碾压过黑色的大地

那是朝圣者用身体丈量过的大地

送我到了云端

以征服者的姿态

睥睨身后的原野山谷

一条又一条的河，奔流怒吼

经不住钢筋水泥的桥梁

横跨而过

一如隧道，割开大山的心肺

冰镐、铁锤，敲打沉睡万年的山峰

鲜艳的旗帜，映得白雪发光

英雄们站在那里

残留微弱的气息，宣告胜利

山一程，水一程

风一更，雪一更

我站上高原，头顶长天

一棵树、一粒沙、一朵云、一个眼神

我的目光，深情又贪婪

除了卑微的仰慕

企图穿越现世

看到遥不可及的未知

未知依然未知

这百转千回、幽暗深邃的思想的沟壑

神光未曾照亮

三百六十五个日夜后的一个瞬间

这目光

缓缓坠落

随着笔尖流出的欢喜

轻舞

飞离了肉体的躯壳

（2）

八廓街上晒太阳的老妪

面庞干涸

风雨蚀刻的皱纹长不出更多

我用力地想象中

那是一种岁月的艰难

大山也是一样的容颜

明明只是对岁月无所畏惧的坚守

布达拉宫，这金的宝库，神的府邸

他脚下的子民

匍匐过魔鬼的四季

抖索着沾满污垢的双手，供奉上起皱的毛票

我费力地揣摩下

那是对命运不可捉摸的妥协

谁的一生，回望荣耀的丰碑

不是一条血泪的长河呢

心怀一念，身体力行

是求功名还是修来世

末了都作尘烟别

"西藏，一块孤独的石头坐满整个天空"

写下它的诗人，卧轨了

坐满整个天空的石头，也不能填补一颗有洞的心

高原拯救不了谁

那一个瞬间，目光缓缓下坠

抖落欲望和索求

我卸下一个斗士的盔甲

任青莲盛开

回望来时路

很多人说，离开华为的人，很少说它的坏话。不少人问过我为什么，我最初的反应是，没有人想否认自己的历史。接着，我认为是时间选择性地把不愉快的记忆抹杀了。在向一个个鲜活的个体探问之后，我的答案是：身在其间，付出得到了应有的回报。

01 荣耀的丰碑

华为就是一只大乌龟，二十五年来，爬呀爬，全然没看见路两旁的鲜花，忘了经济这二十多年来一直在爬坡，许多人都成了富裕的阶层，而我们还在持续艰苦奋斗。爬呀爬……一抬头看见前面矗立着"龙飞船"，跑着"特斯拉"那种神一样的乌龟，我们还在笨拙地爬呀爬，能追过他们吗？

——任正非《用乌龟精神，追上龙飞船》

1987 年，我在乡下的泥土地里捡麦穗，一不小心摸到一条盘着的蛇，汗毛倒立，一辈子都对蛇产生了阴影。而我，也只是在阔大的地里径自大叫一声，声波越过几棵树就消匿了，没有人听到。与此同时，远在天边的广东，开通了中国第一个 900MHz 模拟移动电话网，一个叫徐峰的人，花了两万元买了个大哥大，又花了六千元入网费，成为中国的第一个手机用户。他可以在带着若干按键和听筒话筒，但是没有屏幕的大家伙上拨出一串数字，直接和生意伙伴说上话。虽然很多时候要吼，要重复"听不清楚"，但是抽出那根长长的天线，往饭桌上一竖，比一辆大奔还拉风。没人叫它的大名"手持电话"，而是尊称"大哥大"。这一年，还是在广东，在一个叫深圳的特区，有个转业老兵，用两万元注册了一家叫华为的公司，准备搞点倒买倒卖的生意。

一年以后，我来到城里，在父亲的办公室看到了转盘拨号的电话机，播出一串号码后，对方会有人接听。我认识的人里，没人家里有电话，所以经常一遍一遍地拨打"114"查号，来验证这个叫电话的东西，果真可以把我的声音透过一根细细的线传递给另外一个人。

接着，有钱人的腰里挂上了 BP 机，也叫"寻呼机"，取字面意思：通过寻呼台在噪音里寻找有用信号的机器。

如果要找 A，A 却不在家里。就给传呼台打电话，说"A，速回电话"。A 看到后，便通过公共电话回给你。

来到 1995 年城市的街头，穿着西装、梳着大奔头、拎着黑皮包的老板，人手一个"大哥大"，整个人迸发着金子般的光辉；而其他人，腰里别着一个黑色的小方块，"滴滴滴滴"的声音在空气里荡开，加速人和气息的流动，城市多了一些节奏感。

同一年，深圳那家华为公司，凭借自主研发交换机，在农村市场做了 15 亿元的销售额。两年后又进军无线，推出 GSM 解决方案。虽然相比"摩托还要骡拉"（摩托罗拉），还是土鳖了。

1999 年，我上大学后，一张 201 电话卡成了标配。每到周末的晚上，校园公共区域的电话亭后面总是排着长长的队伍，通过这个相对独立的空间，男男女女的私语穿梭于纵横交织的电话线上，这里的故事一言难尽。这一切，始于华为在天津大学开通的全国第一个 201 电话卡业务。

2001 年，30 个大学生走上丝绸之路，唯一的通信工具是一个砖头大的手机，有没有屏幕我都没有印象了。只记得在祁连山的牧区，每每想要打电话，都要跑到附近的山顶，把天线全部抽出来，360 度转一圈寻找信号。长途话费每分钟一块五，没有紧急事件，我们一整天都不会拨出去一个电话。

就在那一年，学校里传着一个小道消息，有个师兄去了南方的一家公司，年薪 10 万元，经过打听，叫"华为"，工作的地方不叫办公楼，叫基地，规模堪比大学。

2003 年，我大学毕业，亲戚送了一部诺基亚的直板机，小巧轻薄，禁摔。

2006 年，我研究生毕业，弟弟拿他一个月的工资买了三星的翻盖手机送给我，可以拍照。当我来到华为，被告知，不能使用带摄像头的手机。周围人用的是索爱和黑莓。

转眼，我从"吃瓜群众"变成了业内人士。原以为，手机才是通信行业的标志。当我真正开始工作，却发现，手机做得再好，没有背后的管道，完全发挥不了作用。基站，作为信号传输的中转站，就是背后的管道。当这个管道越来越强大的时候，才能支撑手机更多的功能。而当这些管道分布越广阔越细密的时候，我们的通话实现了无缝衔接。我就是这场通信革命里的管道工。

就这样，十九年后，那个在乡村捡拾麦穗的小姑娘和两万元起家的转业老兵有了交集。早期因为某些机缘见过他的人经常给一帮满眼放光的"小鲜肉"讲这样的故事：有一次早高峰挤进电梯，跟一个年长的人挨着，看侧面有点眼熟，临下电梯多瞅了一眼，才想起来是老板；那个时候晚上老加班，每晚到了 10 点左右，都有个穿着汗衫的老人过来送饭，白粥包子之类的，还跟大家闲聊几句，都以为是食堂师傅呢，很久以后才知道，那就是老板。当一个人的日常被大众津津乐道的时候，他就是传奇。

2008 年，华为在通信设备市场，全球排名第三。GSM 全面开花，

UMTS 厚积薄发，LTE 蓄势待发。

2008 年 5 月 12 日，汶川地震。15 日清晨，身边的同事和通信设备一起被空投到汶川，16 日基站开通。里面的信息一波一波地传递出来。

2008 年，全世界人民见证了奥运圣火在珠峰的传递。就在头一年，华为人把基站建在了海拔 6500 米的山坡（珠峰大本营海拔 5200 米），实现了珠峰的网络全覆盖。部门前往珠峰的同事给我们讲述那些血肉的脊梁，怎样把一根一根的铁塔部件背上去，在寒风中抖索着组装起来。

2009 年、2010 年、2011 年、2012 年、2013 年，运营商业务风卷残云，手机业务势不可当。我一边按部就班做着管道里的系统设计，一边目睹那些曾经叱咤风云的老牌通讯企业缩减、并购，到最后，名字长得都分不清谁是谁了。

2014 年、2015 年、2016 年，运营商业务独步天下，手机站稳全球 Top3。因为手机这一消费品的崛起，华为终于进入普通民众的视野；因为不景气的经济大形势下销售额持续增长，又还利于员工，华为成了一种现象。我已经缺席这场盛宴。直到意外接到前主管的电话，他告诉我，在我离开前主导开发的那款基站，已经发货超过 100 万台，公司刚刚举办了规模宏大的庆功会，每个参与者都有纪念品，包括我的。就在那一刻，我似乎能感觉到来自四面八方的信号辐射。原来，我一直不曾离场。

2015 年，我穿行西藏，一路电话网络全线畅通，包括最后的莲花墨脱县。早在 2004 年，西藏电信"村村通"工程进行墨脱 ETS450D（数字无线接入系统）开局，华为工程师带着 200 名民工，背着拆开的各种部件进出墨脱，野外徒步八天时间，一路上塌方、滑坡、泥石流、蚂蟥、毒蛇，九死一生。五年以后，这里才通了公路。

若说一件东西完全普及，就像水和空气一样感觉不到它的存在却无法离开，这些年，恐怕就属手机了，出门带物顺口溜：钥匙钱包手机。哦，对了，现在只剩钥匙和手机了。现代人已经无法想象离开手机的生活了。只是鲜有人知道，维持这样一种便利的沟通方式的背后，是无数看不见的工程师和维护人员的 24 小时值守。

成为必需品，传统通信的基本使命已经达成。

2017 年，我带孩子参加一个农场的亲子活动，跟一位路人甲聊起来，他无意间瞥见我手机里的"华为 ×× 群"，开始喋喋不休地说起来："华为公司在中国为什么是独一无二的受人尊敬呢？中国市值高的公司很多，比如像 ×××，但它做的是危害下一代的垃圾食品，很多钱，是从出售最无意义的商品中赚到的，受不到尊敬。而华为，对消费者来说，提供物美价廉的高科技产品，形象很高大上。你看，我们最早用的那'大哥大'，多贵，话费多高。现在手机人手一个，普通人和富豪至少在手机使用上没什么差别，功能都一样啊，话费也一样，比国外都便宜。这是利民。再说利国，你们老板的价值观完全和党保持一致，纳税多，不会像其他企业去避税，而是多多益善。又填补着国家高科技的空白，所以就成了中国的一张名片。"

他说得很激动，我都没有机会插话。不禁让我想起无数次的湖边对话，沉默的华为人和热心的外部世界。

三十年过去了，回顾通信行业和华为的发展，眼见着"一群农民从青纱帐里出来，还来不及取下头上包着的白毛巾，一下子就跨过了太平洋；腰间还挂着地雷，手里提着盒子炮，一下子又进入无人区"①……

如今，"用一杯咖啡吸收宇宙能量"②。

---

① 引自任正非《天道酬勤》。
② 引自任正非《一杯咖啡吸收宇宙的能量》。

02 最后的告白

> 真正有知识的人的成长过程，就像麦穗的成长过程：麦穗空的时候，麦子长得很快，麦穗骄傲地高高昂起，但是，麦穗成熟饱满时，它们开始谦虚，垂下麦芒。
>
> ——蒙田《蒙田随笔全集》

你相信命运吗？相信所有的岔口做出抉择的天意吗？

总是有人问我：如果再给你一次选择，你会读文科吗？

我说，不会。虽然读理科的经历，让我错失了很多接受文学熏陶的机会，中途转身，明显力不从心，困难重重。但是，有一点，因为复杂理性的工科的锤炼，我在思路上有自己的特色。而这种锤炼的机会，不经过实战，是绝对没有办法形成的，因而我非常感激。言下之意：任何一种选择，回过头来看着多么荒诞，但是在那一刻，一定是当时的认知下所能做的最好的选择。

你一定听说过蝴蝶效应：亚马孙雨林一只蝴蝶翅膀偶尔振动，也许两周后就会引起美国得克萨斯州的一场龙卷风。

导演埃里克·布雷斯筹备七年，拍了电影《蝴蝶效应》来阐述这一问题，电影构思精妙的是：通过梦境，提供一次又一次反悔的机会，提供生命的多种可能性。基于一个完美主义者的疯狂，主人公伊万在他记忆模糊的那些结点上重建他所希望的记忆，而这些记忆建起之后，结点后的经历将因为蝴蝶效应而全部被改写，于是他的人生也就跟着不停地被改写。

结局却是出人意料的，没有一个被改写的人生在按照预期发展。

没有人的人生是完美而无缺憾的，所以当认同了现有的缺憾之后，才能发现生活的美。

如果再回到原点，你还会选择华为吗？

汪子涓：相伴成长

去啊去啊！我是非常感恩华为这个平台，它给了我很好的职业素养，养成好的工作习惯：责任心、执行力。这是很大的一笔财富。

虽然我离开了华为，但是这十年来，作为专门对接华为的销售人员，我是跟着华为一起成长的。我跟华为不同的事业部打过交道，十年前华为就已经很大了，但是在这样的体量下，还在高速成长，简直就是个奇迹。这是一个质变的过程，我也跟着成长，跟着学了很多东西。我们销售部的其他人经常开玩笑说，你的客户"高大上"，我们都是"土鳖"客户。我跟华为人最常说的是，你们是全世界要求最高的客户，把你们搞定了，所有的客户也都搞定了。

说华为人土啊？也不能叫土吧，总之比较朴实。这跟每个人的成长背景有关系，虽然我对自己这方面要求比较高，但是我不要求别人。在什么位置做什么事情，在该"高大上"的场合能"高大上"起来就行。看看客工部的美女帅哥，谁敢说土！

胡琼花：分阶段的需求

至于我还会不会重新选择华为，这个命题需要加一个前提。

如果说是回到起点，我还是会选择华为。首先，华为在我的心目中是一家伟大的公司，我希望能得到大公司成功的经验和培养，开阔眼界。其次，对于刚从校园出来的我，最重要的是养活自己，不想再让农村的父母为我操劳。再次就是华为有许多工作地可以选择，其中就有我喜欢的城市西安。最后呢，我来自农村，吃苦对我来说并不是可怕的事情，但我需要机会为自己积攒实力和资本。

如果说是现在，我可能会犹豫。虽然华为的薪水非常吸引我，但严格的上班制度、一路奔跑的步伐、出差比在协议地时间长等都会让我却步。因为我现在不是一个人了，我不仅是一个公司的员工，更是一个女儿、一个妻子、一个母亲。他们需要我的陪伴照顾，而我也需要来自他们的那份温情。家庭是一辈子的，事业是一段时间的，我不希望因为一段时间而错过一辈子。华为员工的家属真的很不容易，华为员工更多的时候也处于两难抉择的境地。当然，这不是仅仅针对华为来说的，对于其他需要我舍弃家庭经营而完全投入事业的企业，我同样会犹豫的。我的选择其实和大部分人一样，不同的阶段追求不同而已。

范一凡：丢硬币吧

重新选，会不会选华为还真说不准。过来了才知道在里面是什么样子，当时全凭一腔热血。那个时候真是一种梦想。跟自己的期望有很大差距，太压抑了，真的是太压抑了。有一次跟招聘我的导师散步，他突然问我，在华为你最大的感受是什么，我想说很压抑，但他是我导师啊，不方便直说，结果他自己说，太压抑了。

尽管这样，这里还是留下了我年轻时为通信事业奋斗的岁月和记忆。现在想起来，虽苦犹荣，并不后悔。所以，是否重新来过，我也许会丢硬币。

蔡　韬：当然还会的。因为除了华为，我想不到更好的出发点。至少在当时，华为给我的发展空间是所有可选的公司中最大的。

秦　川：如果重新选择，我还会来。华为给了大家一个相对公平并且巨大的成长平台，作为资质平平的基层员工，努力奋斗了就能得到丰厚的物质回报，现在我才有底气去追求别的东西。

心　声：我还会来。如果能回到过去，多买三五套深圳的房子才是解放之路。

心　声：如果有机会，我本科就来，22 岁就去海外。

心　声：肯定会呀，现在大家对公司纵有万多吐槽，平心而论，公司还是有很多好处的。只是人类天性，往往看到别人的长处、自己的短处，还不断把短处放大。往往得利的人不叫，叫的都是不得利的。公司如此，国家也如此。

心　声：两年来我内心是感谢华为的。它缺点是很多，我抱怨它的绩效文化、领导导向文化、胶片文化、流程文化……但我不得不承认它教会我怎么导向结果，怎么一次性把事情做对，怎么脱颖而出，怎么 multitask（同时执行多项任务），怎么看清问题本质，怎么识别客户需求。那么，我来还是不来呢？

很多人说，离开华为的人，很少说它的坏话。不少人问过我为什么，我最初的反应是，没有人想否认自己的历史。接着，我认为是时间选择性地把不愉快的记忆抹杀了。在向一个个鲜活的个体探问之后，我的答案是：身在其间，付出得到了应有的回报。这个回报包括两部分，一是看得见的经济上的；二是精神上的，那些身在其中不可觉察的职业素养和独特经历。两不辜负。

我必须承认，自己不是一个积极主动的人，在面对大部分人生选择的时候，不会向前一步。我内心即使火热，也不太愿意表达出来，我不会主动交朋友，不会主动发起和别人一丝一毫的连接。所以朋友们说，初识我的时候觉得特别有距离感，熟悉了以后，发现我是如此像"知心姐姐"，热心随和，总是跟人掏心掏肺。这恐怕是一种对陌生心怀畏惧的自我保护吧。

因为写作这本书，我强迫自己主动出击。

多年没有联系的前同事，有过一面之交的前同事，没有见过面、只因那篇文章在网络上"勾搭"过几句的华为人，华为人介绍的华为人……我开始主动联系，请他们讲出自己的故事。

让我欣慰的是，大部分人都爽快地答应了。然后根据我的提纲，发来了文字版的讲述。但问题是，秉承了理工科的严谨寡言，你问我答，言简意赅，不鲜活。

就在这个时候，我看到一个故事：有个华人青年，在美国的职场遭遇危机，他分析原因是自己害怕失败，就向自己发起挑战，列了个"被拒绝的一百件事"清单，在网上直播实现这一百件"一看就会被拒绝的事情"的经过，结果出人意料，大部分都实现了，哪怕它看起来那么奇葩，那么不可思议。结论是，大部分人都没有你所揣测的恶意，而所有的事情，只要换种思维方式，不放弃，都会有转机。是的，我们曾经都因为害怕被拒绝，而主动选择了放弃。

大家的积极回应，给了我极大的信心。我又进了一步，约大家出来聊。不出所料，也都如约而至。远离上海的，我们电话交流。

最后意外地发现，每一次的交流都提纯出了"黄金"。我的坦诚引发了对方的坦诚，我们共同的成长轨迹，引发了一波又一波的共振，细节越来越多，细碎、深入，那些事件背后的动机牵引自己浮出水面。

啊！面对面的交流太迷人了！一颦一笑，一个哀叹，一种神情……传递的信息甚至比一句话还要多。长期沉浸在网络的通信工具里，我突然发现，口语是那么有魅力。

我还清楚地记得，春天的一个下午，我在人民广场地铁站9号口，看到范一凡一身运动装扮从地铁口蹦出来，走路带风，精神抖擞。然后我们坐在星巴克的室外交谈，这个室外就是人民公园内部。天很蓝，周围开着很多花，邻座的老外说话就像我读书时听的BBC（英国广播公司）。范一凡也生动起来了，是我在公司从未见过的生动，我才能把此刻的他跟吉他弹唱、跑男联系起来。我曾见过的他，每天耷拉着脑袋，好像脖子无力支撑一样，眼睛永远都因为缺乏睡眠而眯着。如果不是面对面的交谈，我想我写不出他的状态。

还有汪子涓，一身职业套装，说起话来亲昵又有理性，而且不需要我提问，就娓娓道来我想知道的事情，我才能把她安放在销售经理的位置。因为曾经，我见过的，只是一个长相甜美的小女生。

她说，大家都缺乏这样直白没有功利的交流，但是却有这样倾诉和剖析的需求，所以你大可再勇敢一些。

我就觍着脸，"勾搭"了更多小伙伴。从大家的身上，看到了人性的光辉、普通人生命轨迹的起点和过程、奋斗和挣扎，处处是深渊，处处是惊喜。

我一直感动于发出邀约后，那些素未谋面的华为人的回复：

夏荷说：那你到我家来吧。然后中午叫了我家乡的凉皮、肉夹馍，边吃边聊，还一边处理她火锅店的店长面试；

杨树知无不言，中途悄悄买单；

远在云南的焱公子说：那就免费授权给你；

张彻说，他中午要午睡，而且要躺着公司的行军床上才能睡踏实，所以一起吃晚饭吧；

…………

这个看似没有人情味的组织，个人之间却因为出于对组织的信任，意外地连接在一起。

卡夫卡有句名言："不是每个人都能看见真相，但每个人都能成为真相。"在这里，感谢所有成为"真相"的朋友，你的叩击，必有回响。

在写作过程中，我翻看了华为心声社区的诸多"国际惯例"，嬉笑怒骂，不拘一格，有些说法一针见血，我冒昧引用，在此一并感谢。

　　一年前的十月，我离开了华为，不咸不淡。这个十月，和我一同入职的先生也离开了，心里的五味杂陈却异常凶猛地翻涌起来。过去的一年里，我还是称华为"我们公司"，因为我还是华为家属，生活里依然弥漫着熟悉的华为味道，还有机会在华为上研所美丽的园区溜达。可是从此以后，就和这里没有关系了。于是提起笔，整理此刻的情绪和之前在华为的种种，留作纪念。青春的纪念，家庭的纪念，一种生活方式的纪念。

一、毕业了

　　每个华为人都有过这样的感受：当身边有人离开的时候，就会不由得问自己，什么时候是我呢？是的，华为于我们而言，只是另一所大学，每年大批的"小鲜肉"投身而来，淬炼成精或自废武功之后又回归社会，我们称之为"毕业了"。我的学制八年半，研发系里几次调动，综合成绩

B+，中规中矩的老实学生。

当主管问及离开原因的时候，我说，因为内心不平静。这是实话。白岩松说，不平静，就不会有幸福。我确实正在经历幸福感知迟钝。因为内心不平静，人在工作心在漫游，感觉在飘着，没有根基、没有营养、没有热情，只剩下麻木和日复一日的机械劳作。

为什么会不平静？

外因 1：好奇害死猫

从学校出来，就一头扎进华为的深渊，这么多年也不曾抬头看路。在华为这所大学里，基层小兵就像螺丝钉一样，严格的流程下，耕作自己的一亩三分田，不敢懈怠。而公司也像贴身保姆一样，提供了一整套的服务：食堂、便利店、健身房、机票、宿舍、协议酒店、不定期的文体活动、相亲、内部租房……于是从象牙塔里出来的孩子们，又换了个象牙塔继续生活，这次还有酬劳。自从华为的自有酒庄莫塞尔出来后，探亲访友都改红酒了，高端大气上档次。

正是这些看似的好和方便，造就了一批有着特殊标签的"华为人"。大家一面享受着公司为提高工作效率而敞开的便捷，一面憧憬着外面的花花世界。对于已经看透的人来说，哎！这一切就够了，干吗自己浪费精力去折腾呢。可是——

每个人都是一条欲望之河，深浅不一而已，不经历一遭，定欲壑难平。而华为，其特殊之处恰恰在于，单纯和封闭。当然，加上占据一个人绝大多数醒着的时间，让体验丰富生活这一环节缺失了。

于是，这只听到一星半点外边故事的猫，终于忍不住一跃而出，管它外面是什么。

外因2：狼和小羊的天然冲突

华为的狼性众所周知。曾经有那么一年，还在我鸡血未凉的时候，做了个小主管，试图把自己改造成狼，以获取晋级擢升的通行证。发现自己狼不下来之后，就买来各种经典的管理书籍，企图成为一只按照文明社会规则行事的优雅的狼。无奈难行其道。一阵撕扯之后，继续做回小羊。

狼群里有一个著名的法则："忍、狼、滚"。初入狼群，根基不稳，只能忍着。然后有两种选择，要么把自己训成更凶残的狼，这不光是对手下狼，对合作链的各个环节狼，更要对自己狠；要么滚蛋。三观不同，忍自难耐，那就滚吧。

小羊打心里还是更喜欢温润如玉，想春赏百花秋望月，一抔红泥悦身心。

内因1：温饱思淫欲

有一次，在菲律宾和客户吃饭，对方一小伙让我教他说汉语。我问："你都会说什么汉语啊？""温饱思淫欲，他教的。"边说边用手指着对面正一脸坏笑的Jeff。"什么意思你知道吗？""就是吃饱穿暖了开始想不该想的事。"正解！

人类一思考，上帝就发笑。可是吃饱穿暖了不想入非非还能干点啥呢。

这两年我最常琢磨的事：按照当前的节奏下去，再过十年，我会是什么样的一种状态？放眼身边年长的同事，无休止地加班，时间不能自主支配；脾气暴躁，纠结在无数细碎的事件里；茶余饭后抱怨公司的种种，然后继续隐忍做事。以我在本领域的这点资质，真的可以预见到未来，这不是我想看到的自己。如果说一时的隐忍能换来以后的升华，或许还能坚持，但是我看不到。

当这个念头一闪，我就不能淡定了：这就是传说中一眼望穿的生活啊，难道任由残留的好年华继续原地打转？

内因2：所谓身心不一

身边一直也不乏这样的同事：你跟他谈新技术，他眼里就发光，他工作起来，就像燃烧着的火球，熠熠生辉。让人好生羡慕。这就是所谓的干着自己所爱的事了吧，燃料自备，根本不需要外面煽风点火。可我不是，我越来越清楚自己的天赋不在这里。从骨子里说，我首先不热爱科学，更向往"采菊东篱下，悠然见南山"的农耕生活。直观点说呢，我对文字的热爱远远大于数字。这颗一直被我小心掩埋着的种子，这两年迅速膨胀，有种呼之欲出的感觉，再不由它抽芽展叶，恐怕要内伤了。

台湾作家小野的一篇《就算选错，人生也不会毁了》的文章火遍朋友圈，大概是因为大家都经历过那样的一种意识的变化。人生旅途的种种岔路选择，从了心，最终都会殊途同归。唯有将经历内化才能和自己归一，也唯有内外归一，内心才能平静。

所以，我想停下来，去寻找那件能让我满血复活并一路发光的事。很多人说，放弃多年的积累重新开始，机会成本太高了，而这个年龄也尴尬。我也没什么底气，只能自己上鸡汤："每一天都是余生最年轻的一天""人生永远没有太晚的开始"。再也回不到二八芳龄重新选择人生的时候，就从了心吧，更何况——

过去的岁月也并非没有意义，这是人生旅程中最重要的一站，解决了温饱，锻炼了解决复杂问题的能力，宏观看事微观待物，思维缜密，抗压。这些都是生存的基础。

如我在告别信中写道："当离别的时刻终于到来的时候，反而很平静，那些平日里的不满或者抱怨都随着时间的远去而平复了，剩下的只是眉间那习惯性的紧蹙，看来需要等待内心足够的阳光来舒展了。公司与工作无关好坏，只有适不适合自己，终日相伴，真的就像伴侣一样。我在这里呼吸和连接，这些氛围最终塑造了我们看到的彼此，我们是彼此的磁场。与其说这里不好，不如说在这里看不到更好的自己。"

那么，再见了，华为！最美的年华相遇，亦不曾辜负。从此开启后青春时代的新生活，遇见幸福，遇见更好的自己！

二、那些挺尸而过的鸡血岁月

多年前，一次七天长假过后，我问组里的同事，放假干吗了。"挺尸七日"，同事守友说。何谓"挺尸"？就是每天都躺在床上，醒着就打游戏看电影，困了就睡觉，饿得不行了叫个外卖。

挺尸，够形象！虽说夸张了点，却是刚毕业的单身华为男的真实生活。可是为什么要这样呢？26岁的青春年华，手里还有点小钱！

01 两遭

我试图把记忆拉回到2006年，那是四月初，北方春寒料峭。第一次乘飞机，前往深圳总部参加大队培训，就是外界说的"洗脑"。南国的湿气和热气一起涌来，青翠的草木，湛蓝的天空，那么温暖那么美。

华为坂田基地，好阔气，俨然非洲大陆华丽分割出的欧式庄园。我的小心脏是一阵乱颤。

早上5点起床，穿着短裤短袖跟着高大帅气的教官跑圈，强度挑战我的极限，反正每天都有人晕倒。然后火速在最近的食堂吃早饭，再一路狂奔回百草园宿舍冲澡换正装。临近8点，高跟鞋西服裙叮当摇曳在华为大学培训中心的路上，春风无力杨柳纤，从此粉黛无颜色。上课内容无非是企业文化、信息安全、军训。大家的状态呢，打打瞌睡，悄悄议论下哪个班的教官更帅。这些传说中的国旗班退役士兵，可都颜值爆表。

说好的亮点呢？

每天第一节课前，教官点名，叫到名字的必须立马起立，用丹田之力发出最浑厚有力的"到"。这可难为了那些纤弱矜持的小公主和高冷忧郁的小王子，往往憋得满脸通红，连喊很多次才能通过。点名都能成为阴影？！女汉子和牲口修炼的第一步。点名完毕，开始分组展现前一天的学习内容。十八般武艺同台竞技，小品相声吹拉弹唱，我有一次也被组长安排朗诵了一首自己写的诗，至今想起来都脸红啊。

紧锣密鼓热血澎湃的两周，以一场辩论赛和一场华丽的文艺汇演结束。辩论赛的主题依旧，正方："干一行爱一行"，反方："爱一行干一行"。那当然是我所在的正方赢了，公司的文化导向。重点是，我们每天晚上排练、改稿到12点以后，那个缺觉，缺觉啊！可是我后来发现，我们辩论队的其他队员居然还参加了文艺汇演，午夜继续赶场。还没进入工作状态，已经剑拔弩张。

培训之初，辅导员就告知了加分扣分的规则，并扬言后面百分之五是要被淘汰的。而事实是，培训尚未结束，主动离开的人都占满名额了。但是我觉得这次"洗脑"极其成功，把在学校时的一身懒散从筋骨里扒拉出来一顿锤炼，再灌上一脑子的鸡血，从此激情满怀，一颗红心向菊花。

回到上研所，开始为期三个月的实习。头几天，我是逍遥自在，每天早上8点到公司，然后下午6点就下班了。没有传说中的硝烟战火和无下限的加班啊。直到周五，阿贵委婉地跟我说："咱们周二和周四是默认加班的，实习期呢，最好每天都加，多学点。"哦哦哦，我这才醒悟过来，原来我的导师出差不在，还没人跟我讲规则呢。好吧，就此开始加班生活。

导师为我制定了一份三个月的学习计划，excel表格详细列着每周的学习重点，要有输出。于是，每周一就着主题，从前辈那里收集资料，周一到周四边看边总结，周五写学习笔记。接下来的一周会安排一晚给同事分享，当然，主要是前辈提问，说白了就是检验学习效果。那三个月里，毫无疑问，我是打足了鸡血，所有材料精读总结，学习笔记详尽规范。从第二个月开始，也接手一些简单的工作，不管繁琐还是无聊，我都当作圣旨一样认真完成。然后如愿，实习期结束，转正答辩成绩A，加了500元工资，评为优秀新员工。实习之初说的百分之五淘汰率呢？大概也是人家自己拍拍屁股走了。

02 三招

经过以上两遭，有主见有门路的孩子该走的都走了。留下来的可都根正苗红：接受华为文化、吃苦耐劳，关键是也没有其他退路可选，继续在这个大熔炉里修炼，不出两年活脱脱一个"华为人"。以下是"华为人挺尸速成绝招"：

第一招：断网。公司不能上外网，不能用带摄像头的手机（华为智能手机横空出世后取消了），当然那会手机上网还没有，非工作电话不能超过五分钟。于是大家唯一的娱乐，就是午休前看"行政服务之窗"，主要是征婚栏目，一起品评美女。那个时候华为男挺受欢迎，有女人喜欢的几个优良品质：话少、钱多、"闷骚"。于是乎，审美社交慢慢也就局限在这个小圈子里了。江湖传言：如果你有同学长期联系不到，要么是死了，要么就是在华为。言之凿凿。

第二招：午睡。不是趴在桌上小憩。每个人方寸大小的办公桌底下卷着铺盖，午饭过后，铺盖一拉，关灯，男男女女相邻而眠，壮观且有仪式感，想起初中在学校的桌子椅子午睡的盛况。从医学角度来讲，午睡对身体有好处。对公司而言，午睡可以保证下午精力充沛地工作，这种精力还可以延续到晚上加班。反正午睡时间是从工作时长中扣除的，何乐而不为呢。完美实现所有醒着的时间都交给公司。

第三招：黑布鞋。不知道大队培训的时候为什么要着正装，"装"了两周后，来到自己工作的办公室，傻眼了。人家都是黑衣黑裤黑布鞋，你整个西装领带白衬衣，要不是挂着工牌还真像卖房的。从此这身行头压箱子底，从此跟时尚说 byebye。身处煤坑里的为数不多的小女子我也就不动穿衣打扮的念头了。这可省了不少银子，两年逛街的次数一只手都能数过来。那个时候人家老说我看起来还像个学生，现在才反应过来，言下之意就是你好土。

在闭关修炼的路上，每天的日子快得只能以眼睛的一开一合来记。全身心交给了公司，学习能力也前所未有的强大。带着项目边学边干，一个人跑供应商的生产线现学现卖，在自己的领域建立起品牌人脉。这种感觉就是竹子在地下伸展根茎四年后，呼啸而出、一日冲天。累是累，但丹田有股气，心中有希望，人是绽放的。有人说这个时候的成长一年顶五年，此言不虚。转眼两年就过去了，华为人挺尸之功练成。

一个普通人家的孩子在华为这个平台上鸡血奋斗的一段历程，表面上沉默着、黯淡着，但是内在悄悄地收获着，也喜悦着。所以当我回首往事，心里热热的，分明看到的是青春的光彩，在暗夜里，微微闪耀。这也许是华为能够给予的最值得经历的一段岁月。

初入职场，干货分享：

1．谦卑，空杯。不管在学校怎样叱咤风云，初入职场，不熟悉游戏规则，不熟悉业务的情况下，多听多问少说。

2．工作无小事。越是简单的工作越要用心做好，这是取得信任的垫脚石。

3．建立关系网。把自己工作相关的自下而上的链条打通，且先施人与方便。

三、看上去很美

挺尸而过的两年后，"小鲜肉"已经形容饱满，到了最好用的时候。配股分红，收入上扬。逢鸡血未凉之时，又是信心满怀之势，大有独步武林之心。看着年终晚会上那些获得总裁金牌的同事，西装革履、体面地站在光环下，自己也踌躇满志。如果故事就此发展下去，一切看起来很美！

就像这样的一个下午，阳光刚刚收敛锋芒，我握着一杯从华为Coffee Inn买的柠檬百花红茶，在食堂的窗边坐下，摊开纸笔……

眼前，一整面的玻璃窗临水而落，窗外湖光山色。层次丰富的人工湖，垂柳拂过水面，清波荡漾，湖里随意摆放着石头，任鱼儿嬉戏。湖边缓坡，青草依依，各色树木各就其位。一幢石墙木梁的茅草屋静静伏在山坡上，质朴大气。抬起头，阳光从玻璃的屋顶倾洒下来，暖暖的、柔柔的。

偌大的食堂异常安静。操作间在封闭的区域，看不到大厨烹饪的场景，也闻不到油烟。几位阿姨在拖地，远处传来摆放餐盘的碰撞声，几十条不同风味的餐线静候人潮。Coffee Inn 小小的角落有些热闹，高脚椅上倚着喝咖啡的同事，或者和客户低声交谈，或者讨论问题。

食堂中心的墙壁上，大幅海报张贴着P7（华为的一款手机）团队的功臣照片，无线的Fellow（公司任命的科学家），高级专家介绍。英气睿智，一副功成名就的光鲜。

第一次以旁观者的身份自外端详，心若恍然。这真的是传说中劳动密集型，盛产"土鳖"的大菊厂吗？如果我是一个新来的求职者，就这短短的一瞥，或许会爱上这朵菊花。如果我的身份是记者，那么这一瞥以后，文字和舆论导向会发生什么变化呢。

你蜻蜓点水的一瞥，看上去很美。我身居其中，看到了什么？

作为体力好的中流砥柱，频繁被异地研发，少则三个月，多则一年。是和妻儿分离的深深的孤独感，以及无力改变跌入深渊的自责。"再不放我回去老婆就要离婚了"也不能成为筹码，这里最不缺的就是螺丝钉。

担任模块负责人，每每攻关到深夜毫无头绪的无助感，以及担心来日无法交差的焦虑。没有哪个项目是按部就班完成的，抢占先机靠的就是血肉长城。

成为项目经理，向上，应对领导们的一句句"我只要结果""不要告诉我理由"；向下，厮杀在各个领域，撞开部门墙，搅动僵化的流程，这是时时处处推动扯皮的支离破碎感。每经历一个项目就是一次皮开肉绽后的重生。

所谓的办公位，一张大长桌十几个人，是肩并肩、眼对眼而坐的尴尬和嘈杂。

月末周六的例行加班延伸到每周六跑来公司，永远亏欠家人一个陪伴和假期。

婚假拖到快过期的日子才敢开口提出，只为了给伴侣一个交代。

心不甘情不愿地签下"奋斗者协议"，声称自愿放弃带薪年假和加班费时的屈辱。

没有社交、没有朋友、没有内心丰盈，遗立于世的惶惑不安。

…………

十六万人，十六万个不容易的故事。有爱有恨，有荣耀有失落，有成长蜕变，有麻木自弃。

而我，也由于部门业务的拆分，开始了差不多一年的深圳生活。那是蜜月休假的最后一天，我在丽江，接到领导电话：直接主管调离，由我顶上。在官本位思想盛行的中国，已然是好事。于是假期一结束就奔向深圳。短短一年，经历了三任主管，业务混乱，状况层出不穷。

然后有一天，在上班的途中，边骑自行车边想几件急需解决的棘手的事情，在进入地下车库全是细棱角的大坡时居然没有下车，而想起刹车时发现刹车坏了。然后我就飞了出去，脸朝地降落，顿时血花四溅。我有点手足无措地站在地库入口，保安跑过来，塞给我一大团卫生纸，然后帮我叫了出租车。素不相识的同事一个个从身边漠然而过，带着华为人典型的目不斜视的表情。自己打车去了医院，车上短信请假、交代工作。清洗、缝针拍片，我也终于看到了自己的面目：左半边脸几乎全是伤，缝了六针。有一处掉了块肉，没法缝，医生说让它自己长吧，留疤在所难免。再检查其他地方，手掌、胳膊、腿、肩部也有多处创伤，青一块紫一块的。

后来听一位我十分敬重的专家讲起，他曾经有一天早上，家中有事耽误了一会，为了赶上自己主持的重要会议，车子骑得飞快，然后在转弯的时候飞了，髋骨碎了。神奇的是，在家休养一年后回来，发现原来他认为极其重要的事情还是在他手里，毫无进展。看来，我们都高估了自己的重要性了。

多么痛的领悟！

联想到华为今年投放的"烂脚"广告，右脚看上去很美，是柔软华贵的鞋子和优美修长的脚踝，而舞者看到的却是左脚，一对变了形的支撑物。就像朋友离开体制内去大理写作、经营客栈，你看到的是洱海的湖波和惬意的午后读书时光，而朋友眼里却是主妇般的琐碎劳作和生活脱离主航道的不安。

任老板说："我们除了比别人少喝咖啡，多干点儿活，其实我们不比别人有什么长处。就是因为我们起步太晚，我们成长的年限太短，积累的东西太少，我们得比别人多吃苦一点，所以我们这有一只是芭蕾脚，一只很烂的脚，我觉得就是华为的人，痛并快乐着，华为就是那么一只烂脚。"

罗曼·罗兰说："人生是艰苦的。对不甘于平庸凡俗的人那是一场无日无夜的斗争，往往是悲惨的、没有光华的、没有幸福的，在孤独与静寂中展开的斗争。……他们只能依靠自己，可是有时连最强的人都不免于在苦难中蹉跎。"

任何一件超越平凡的事情背后，都是超乎寻常的付出。一直践行"只有偏执狂才能生存"的苹果公司，不仅自虐也虐人。富士康无比精准高效的生产线，生产着奢侈电子产品的同时，也扼杀着工业时代一个个年轻生命的光芒。而华为，在成长为民族自豪的路上，又践踏着多少普通人的尊严和梦想。但它们却在不同维度推动着文明的发展，丰富着人们的生活，无疑又是伟大的。

夕阳开始下斜，要下班了，好吧，收笔，最后一瞥窗外的惊艳。多么美好的年华，如春林初盛，春草初长，可纵使莺歌燕舞春风十里也不如你呀。前行的路上，好自珍重！

独当一面，渐成中流砥柱，干货分享：

1. 不要拿自己的身体健康当筹码，除非人命关天，否则"必须、马上"是不成立的；

2. 察人用人，让团队里的每个人发挥特有的价值，"扬长避短"为上策；

3. 做自己长期的职业规划，不适合就转身，机会成本还不算高。

四、女汉子是怎样炼成的

一整天的忙碌，会议、电话、问题确认、方案分析……感觉大脑就像一个立体的交通枢纽，各种交通工具飞驰而过，危险重重又不容喘息懈怠。

突然抬起头，下意识地扫了眼时间，下午5点整。看着办公室里处处忙碌着的同事们，就像刚从一场耗费体力的梦中醒来，有点不真实。我站起身，试图舒展一下僵硬的肩颈，一个女同事吸引了我的目光：她正在和一群高大的男同事讨论问题，个个言辞激烈，瘦瘦小小的她站在中间，极力维持场面。总是这样的，每天的我也是在这样一个男性军团里奋战。我认真注视她的脸，这是一张枯黄的脸，没有血色，缺乏水分，脑子里突然冒出一个词，枯叶。是的，就像无数个加完班的夜晚，我在镜子里近距离看到的自己的脸一样。脸上没有任何粉饰，甚至连润肤露滋润过的痕迹都没有。也许清晨是有高级护肤品涂抹的，经过近十个小时和电脑屏幕的亲密对视，现在已然失效。这张脸除了清瘦的轮廓，扎着的马尾辫，似乎找不到其他女性特质了。我又开始注意她的衣着，中规中矩的毛衣，牛仔裤，平底皮鞋，松松垮垮，色调黯淡。没有明艳和婀娜，更谈不上时尚，跟大多数做研发工作的女孩一样。

目力所及，也活动着其他女同事的身影，我行着注目礼——扫过。一位新晋级的妈妈，正急匆匆地从水房拿了吸奶器奔进旁边的小黑屋；一个从外研所派过来的新婚宴尔的女孩，灌了一保温杯的白开水离开了。一样心事重重的眼睛，少有神采，是谁说的，就好像蒙着一层灰。哎哟，刚刚应届入职的小龙女走过，气场非凡。稚气未脱的脸上洋溢着光彩，眼里多少有点诚惶诚恐，但还是冒着光。我不禁莞尔，就像看到多年前那个鲜活的自己。

叮铃铃，电话响起，三分钟的走神时间结束。一边拿起电话，一边把小心脏抚慰妥帖。在狼群里混战六年，慢慢学着放过自己。但凡所发生之事，一定有解，时间机缘而已。对着电话里的怒吼也好，争辩也罢，平心静气。

转眼，下班时间到了，办公室没有出现瞬间喧闹的景象，反正晚上不是培训就是开会，那种颤抖着小心肝等待下班的事情是没有的。如果你下定决心正常下班，那一定得挨着墙角悄悄开溜，否则拎着包的你会在楼道里在电梯间听到诸如此类的祝福："好幸福啊，晚上不用加班""这么早就走了""回家了"……有时候挺羡慕隔壁写字楼里的女孩子，踩着"恨天高"挤在打卡机旁，叽叽喳喳，然后相约逛街呀吃美食呀，一派世俗的烟火味，却也热气腾腾。而我们，走到几步之遥的公司食堂完成果腹这件事，然后接着工作。

记得刚入职的一天，在办公位接到一个电话，我一应声，人家就问我是不是秘书。"不是的，你为什么这么说呢？""这个部门除了秘书都是男的呀。"我才知道，一百多人的部门，从我们那年开始，招了三个女的。此后，一批批高学历的理工女，幼时父亲怀里温柔的小情人，求学路上的学霸，前赴后继，投身到这狼性十足的雄性军团。撇去女性特质，收敛起美丽的羽翼，隐匿感性的一面，和男人一起撸起袖子扛仪器、独自海外现场调试、通宵攻关……从一个角度看，这是另一种美，我曾经深深向往的美。经济独立，和男人同工同酬，工作带娃两不误，社会戏称的女汉子。怎么听着跟"大跃进"时期的"铁姑娘"有点渊源呢。先生说这可是千百年来女人们自己争取的。从另一个角度看，就像今天我从梦魇中跳出来当一个旁观者，看到的是一枝枝错失阳光雨露而过早枯萎的花。

如果说高压工作的磨砺，给了女人一件硬朗的外壳，伪装成汉子，那么妈妈这个身份，使女汉子成为事实。研究生毕业工作个五六年，已过而立，该生孩子了。别人说一孕傻三年，我们是一孕毁三年。没时间让你傻，孕期该干啥干啥，哺乳期那是战斗着的生活。华为规定，女性自怀孕之日起三年内不配股。从此，女汉子的职业生涯急转直下。是的，孩子不在爸爸肚子里，但生出来了也是在同一个家庭里，爸爸却被真空了。妈妈可以一晚上多次哺乳哄睡，然后第二天更努力地工作，以免不被公司待见；爸爸自个在清净的地方酣睡。家长会、兴趣班那也是妈妈们的天下。

都说女人的母性是天生的，再经过十个月孕期的亲密共振，一发不可收。于是，抚育幼子这事自古而今天然落到了女人身上，即使在这个女人也同样外出狩猎的年代。而对男人来讲，那颗射中的子弹和其他的并无二致，所以父性是靠社会来培养的。一直以来的社会和职场环境只给了男人狩猎的压力，并没有给男人做父亲的压力。自动自发的父性都不够，就在这不够里还参差不齐。女人就只能自行加血升级，炼成女汉子。随着二胎政策的放开，不知道会有多少女超人横空出世。

"巧笑倩兮，美目盼兮""含辞未吐，气若幽兰"，老祖宗笔下的女子若生活在这个时代，想必也虎虎生威了，不过怎么看着那么可爱呢！所谓伊人，即使已经修炼成了女汉子，也不妨时时窥视一下自己的内心：可是二八芳龄时，心之所往的那个人？

职场妈妈，干货分享：

1. 能享受到的假期，该请就请，不同阶段，收获不同；

2. 如果还准备在职场打拼，孩子的吃喝拉撒能外包的就外包，有限的时间多陪伴孩子，与孩子进行高效的精神沟通；

3. 不是你对家庭付出的越多就越好，你的快乐明媚更重要。你就是家庭的气场，先照管好自己的身心。

五、你纵虐我千百遍，我亦待你如初恋

华为心声社区上有个帖子：一句话说说你对华为的感受，排名第一的是："Welcome to join the conference"（欢迎加入电话会议）。众望所归吧！一天24小时内，不管何时何地，只要手机开机，都有听到这个美妙声音的可能，是女士甜美又职业的声音，邀您参加不知何故的各种电话会议。

某周六，晚上11:50，伺候了一天孩子的我，刚收拾完，躺到床上，手机响了（忘记静音了，罪过罪过），一看号码8100，立马接通。里面响起了悦耳的"Welcome to join the conference"，接着是一群男声的争吵。版本经理："你还记得×××吗？""不记得了，要查文档。""那你现在能到公司来一趟吗？"被扰了睡眠的女儿此时正在旁边撕心裂肺地哭喊。"我……"沉默了一下，"这个数据我之前邮件发给过大家了，谁在公司查看一下就可以了。""还有谁清楚？"……沉默，实在不想拉别人下水。"这个问题今晚必须解决。""×××。"然后，电话里传来了呼叫别人的声音，"×××，你现在马上到公司来一趟……""嗯，现在吗？……好吧。"我挂上电话，继续安慰身边哭啼不止的女儿，心有不安。

华为的男人已经沦为牲口，女汉子侥幸为人，窃喜吧。

某周六的下午，我正独自开车载着孩子在拥挤的二环上，手机响了，没接。以我开车的水平，不到红灯停车是万不敢接的。过了一会又响了，没接。第三次、第四次响起。天哪，什么十万火急的大事啊！也不顾安危了，拿起手机，8100，接通以后"Welcome to join the conference"。一个男低音响起："我在写×××特性文档，有个地方

想跟你讨论下。""着急吗？不急的话请发个邮件，我周一处理，这会开车不方便，或者到家了我给你打过去。""就简单问一句……""你这个问题我两句话说不清楚，抱歉，回去打给你。"挂电话，还是性命要紧啊。

华为逻辑：我加班的时候，你也在加班吧，不然也得候着！

此般相虐之下，说实话，能在公司待个七八年的，那必须是真爱。不管怎样的千疮百孔，依然不离不弃。即使最终因为各种各样的原因离开了，也是满怀不舍。更何况，于职场而言，华为还真是我的初恋，虽然并非一见钟情，但我是个没啥追求的人，一旦被相中了，就死心塌地地跟着了，这一恋就是八年。忽而转身，已是貌合神离，渐行渐远。

此篇翻过，再无后文。借这个机会我就扎扎实实总结一下：你为何如此成功，又是如何情非所愿地将我抛弃？

1.老板神一样存在的感召力。八年多的基层老兵，就连远距离瞻仰老板容颜的机会也没有过，但是老人家的那张脸却深深地刻在我的脑海里，如神明一般。记得大队培训的时候，观看老板的讲话视频，活生生一部英雄举重若轻的史诗。然后每人发了一本老板的文集，《华为的冬天》《我的父亲母亲》等等，笔力洗练简洁又不乏侠骨柔肠，有力道有内涵，让我这个文青崇拜不已。之后每逢岁末或是变革，老板定会书文，指点江山，激扬文字。只要看到老板的文字，就能感受到华为热气腾腾的心跳，华为生命力正旺，老人家眼力正毒，华为大船航道很正。心里满满的安全感。

2.执行力。从上面的两件小事可管中窥豹。华为的执行力多年以来自上而下一脉相承，带着军队的色彩。比如项目变动，大领导会立刻打电话给分管的领导，分管的领导再找到责任主管，然后一层层传递到具体的执行人员，往往就是半个小时的事。于是，周末接到主管电话，交代下周一急需处理的事情很常见。我们响应快、效率高，对外深得客户喜欢；但也经常虚惊一场，对内给人的感觉是，领导们闻风而动，甚至草木皆兵。而这种执行力到了基层，往往还要用过头。自称炮灰的基层员工似乎成了成全领导业绩或者产品成功的机器，被用到没有尊严。"忍狠滚"法则顺势而生，基层员工一面隐忍，一面在有机会走上管理层后，更用力地效仿"狼"术，这简直就是职业通道晋升的不二法宝。

3. 团体作战。这是一幅群狼共舞的画卷，势如破竹。常规项目，自运作之日起组成联合舰队，封闭起来进行头脑风暴，协作开发，头狼拥有绝对的领导权。遇上突发或重量级项目，人力和资源分分钟到位，豪华顶配，接下来就是不眠不休的混战。于是，战无不胜攻无不克的神话，对于这个时刻都处于一级战备状态的狼群来说，毫不意外。去年，三星中国撤掉一些研发中心，被裁人员说到以后的出路时笑称："归顺大华为。"

4. 流程。保证了运作的稳定性、产品的可靠性，缺谁都可以，每个环节的人在上层看来就是流水线上的螺丝钉。这是工业文明发展的必经之路，而我们的文化，却还蒙昧在官本位，管人比做技术有"钱途"，基层研发人员囿于一隅，却不能沉淀下来深耕，躁动又压抑着。自称"研发狗"，把公司称为脑力劳动密集型的"大菊厂"。我"司"改我"厂"，一把辛酸泪。

5. 物质刺激。对付"土鳖"有奇效。我们多数人来自农村或者小城市，曾经埋头苦读，现在吃苦耐劳，物质上缺乏安全感。就智力见解来讲，我们来自"985"和"211"，以西交大、西工大、西电、成电、哈工大居多。也就是说，我们不是最拔尖的一茬，那一茬已经被北大、清华收获，毕业后由麦肯锡、四大、微软、谷歌等知名外企收割。我们是次高的一茬，卑微地认定了自己的宿命。华为给予的物质刺激，在我们初步建立经济基础阶段，起着至关重要的作用，七到八年，跻身中产阶级，在一线城市站稳脚跟。傍着大船，闷在船舱，很多人就此不再扑闪，一门心思待下去。

6.折腾。官方术语：艰苦奋斗。再形象点，就是长勺一直在华为的大锅里搅动，谁都别想安分。再或者说大老虎在狼群里追赶，谁都不敢停下喘息。在这里，你别妄想着找到一个又有钱又有闲的位置，然后老婆孩子热炕头地欢乐下去。舒服了会打瞌睡，会丧失斗志，所以稍有苗头就变革。不管是CEO轮值，地区部总裁平调，还是产品线合并重构，又及考评体系变革，无一不是为了人人不爽。为了保持新鲜血液，规避劳动法的十年终身制，员工满八年离职重新入职。薪酬体系，工作年限越长，固定工资占总收入的比例越低，谁心里都清楚，除了工资，其他收入都是靠绩效获得的，好的绩效从哪里来呢？智力相差不大的时候，那就拼体力、拼命吧。

记得工作的头四年，一到周日下午整个人就开始神经质，心跳加快，心神不安，因为宝贵的周末要结束了，接下来的工作就像巨石压在心头。到后来的麻木，因为习惯而麻木，这比当初的神经质更可怕。我心里明白，麻木的时候就是爱已疲劳了。八年多来，活得太用力。爱已淡，身已倦。

罗曼·罗兰说："世界上只有一种真正的英雄主义，就是在认清生活真相之后仍然热爱生活。"大浪淘沙，向留下来的英雄们致以深深的敬意！

而我，就此别过。